宮本久雄　武田なほみ［編著］

希望に照らされて

深き淵より——

2014年上智大学神学部
夏期神学講習会講演集

日本キリスト教団出版局

まえがき

「希望」は、日本では新年の書き初めなどでもおなじみで、人々にもっとも親しまれている言葉の一つでありましょう。子どもたちがこの二文字に集中して筆を運ぶ姿や、完成した作品を手に、ちょっと誇らしげで屈託のない笑顔を見せてくれる様子は、伸びやかな明るさを感じさせてくれます。きっと、子どもたちは無心に書くことを通して希望を自分のものとし、また、それを見守る大人たちは、人知れず重ねてきた苦しみや悲しみの日々を胸に、それまで黙々と担ってきた荷がすっと軽くされるような晴れやかさを感じながら、子どもたちとは異なる次元で、新たに希望という言葉に出会うのでしょう。

希望は、まさに希望することが難しいような現実の中で、そこに踏みとどまり、そのただ中で懸命に生き、生かされることを通してはじめて、深まり、確かになっていくものなのかもしれません。私たちはつい、希望という言葉の明るく前向きなイメージに安住したくなるのですが、この言葉が私たちの近くにあるのにもかかわらず、その希望が何であるかを確かめることも深めることもなく、いわば希望を忘れて、とりあえず日々の忙しさにとりまぎれて日常をすごすとすれば、それほどもったいないことはありません。

二十世紀を生きた精神分析家、エーリッヒ・フロム（一九〇〇—八〇年）は、希望が打ち砕かれたときに人が陥りやすい三つの傾向として、①諦めきった楽観主義（望みが実現せずに自分が傷つくことを避けるために、望みを引き下げ、周囲と表層的に同調して生きること）、②かたくなな心

（誰の心に触れることも、誰かから触れられることもないように、かかわりを持たずに生きること）、③破壊と暴力（自分が生きることのできなかった人生の復讐に力を注ぐこと。いのちを育み慈しむことができないので、いのちそのものを憎み、破壊してしまおうとすること）を挙げました（『希望の革命』改訂版、作田啓一・佐野哲郎訳、紀伊國屋書店、一九七〇年参照）。それはどれも、二十一世紀を生きる私たちが、身近に、まさに自分たちの問題として経験していることであるように思われます。私たちはそうした「希望の危機」から、どのように立ち上がっていくことができるのでしょうか。

フロムは希望を、いのちへの愛と深く関わるものとしてとらえ、「希望を持つ人は、新しい生命のあらゆる徴候を見つけて、それを大切に守り、まさに生まれようとするものの誕生を助けようと、いつでも準備をととのえて」おり、「たとえ一生のうちに何も生まれなかったとしても、絶望的にならない」と述べました。いのちへの愛と深く結びついた希望。人と人とを真に生かす希望。そうした希望への求めに、宗教は、キリスト教は、どのように応えるでしょうか。

本書は、二〇一四年七月に開かれた、上智大学夏期神学講習会「望——深き淵より」の講演集です。聖書や教義神学、思想、臨床実践など、様々な視点からの論考が収められました。読者の皆さまとともに、キリストの福音に耳を傾け、希望の曙光を見出していくことができましたら幸いです。

武田　なほみ

凡例

一、聖書の書名表記や引用は原則として『聖書 新共同訳』（日本聖書協会）に準拠したが、筆者の意向で変更する場合にはその都度付記した。
二、本文中の〔 〕は、筆者によって補われた注や訳注を示す。
三、注は各論文の最後にまとめた。

希望に照らされて――深き淵より　＊目次

装丁　桂川　潤

第Ⅰ部　希望への招き

絶望の途上にて――終末論と希望

光延　一郎

「絶望が足りない」

水俣病の被害者に寄り添い、『苦海浄土』などの著作で日本の近代化がはらんできた人間疎外と、そこにおける魂の行方について考えてこられた作家の石牟礼道子《いしむれみちこ》氏は、東日本大震災と原発事故という大惨事を経ても、それがまったくなかったかのように元に戻ってしまう日本社会の現状について次のように語っておられる。

「まだちょっと絶望が足りないんじゃないか」「絶望が広がって、若い人たちがなにも希望が持てなくなってしまった時に、初めて祈りはじめるんじゃないか」「変わらないですね、この一〇〇年は。最近、俳句をつくりました。毒死列島身悶えしつつ野辺の花」

（『週刊金曜日』二〇一二年十一月二日号）

これは、何を意味するのだろうか？　「絶望」すべきときに絶望することができない私たち。石牟礼氏は、起こった事態の意味を掘り下げることなく、なんらかの人間的な手立てに頼り、問題の核心を直視することを避けている日本人の精神状況を指摘しておられるのではないか。

真の希望とは、そうではなく、たとえ「絶望」に陥ろうとも、出来事の重さに正面から向き合い、自らの置かれた状況を識別することからしか生まれないだろう。そしてそれは「祈り」から始まる。すなわち、すべての人間的な手立てが尽きたところで出会われる神との赤裸な対峙においてこそ、新たな道が見えてくる。聖書とキリスト教が語り続けてきた「十字架を経ての復活＝アナスタシス（立ち上がること）」とは、まさにこのプロセスであろう。

もちろん、今の日本社会の状況に「絶望」あるいは大きな失望を感じている人々は、多々いるだろう。二〇一一年三月十一日の大災害の後、その処理にもたついた民主党政権は選挙で大敗を喫した。そこに返り咲いた自公政権は、カナダのジャーナリスト、ナオミ・クラインが言う「ショック・ドクトリン」（ナオミ・クライン著『ショック・ドクトリン――惨事便乗型資本主義の正体を暴く〈上・下〉』、幾島幸子他訳、岩波書店、二〇一一年参照）を地で行って、二〇〇八年のリーマンショックによって起こった政権交代の変化をすっかり元の状態に戻してしまった。「ショック・ドクトリン」とは、津波やハリケーンのような自然災害、あるいは戦争や政変などによる大惨事につけこみ、人びとが茫然自失状態から覚める前に、従来なら不可能と思われた過激な市場主義経済改革を強行することである。

現政権のやり方は、これを越えてさらに乱暴だ。二〇一三年暮には、半数以上の国民の意志を踏みにじるように「秘密保護法」を強行採決し、さらに二〇一四年七月には「集団的自衛権」についての従来の政府解釈を「閣議決定」によって変更した。

この二つの施策が端的に示すように、現政権は日本国憲法第九条を実質的に骨抜きにし、第二次世界大戦以後、日本国民が共有していた平和と民主主義の基盤を覆そうとしている。こうした今の日本の政治に私自身「絶望」に近い深い憂慮を覚えている。

倫理の崩落

この政権の性格を一言で特徴づけるなら、「市場主義的グローバリズムとナショナリズム（復古的・観念的国民統合）の結合」であろう。それは「国民国家の株式会社化」（内田樹氏。「週刊金曜日」、二〇一四年四月十七日臨時増刊号参照）と軍事主義との合併、すなわち「富国強兵」の復活である。しかし「強兵」政策は、一九四五年の敗戦と新憲法制定により終わったはずであるし、また競争的成長を政府主導でめざす「富国」政策も、その典型産物である原発が二〇一一年の大震災で壊滅したことを真摯に受けとめるなら、根本的に見直されて然るべきだろう。

ところがこの国では、福島原発大事故に関する公的な反省や責任追及もなされぬまま、政権と官僚、産業界、財界、銀行、またそこに結びつく学会という「原子力ムラ」とも「核マフィア」とも呼ばれる利益共同体が、臆面もなく原発再稼働、さらに技術輸出を推し進めようとしている。しかし重厚長大の最たる施設である原発の稼働には、縦割りで閉鎖的な巨大権力が必要であり、それを実行する政治と経済は、このグローバル社会においては明らかに時代遅れだ。実際、原子力の原料であるウランは地球にわずか数十年分しか存在しない。にもかかわらず、何万、何十万年にわたり未来世代に後始末の負担を強いることは明らかに反倫理的である。世界の主流は「第四の革命」と呼ばれる、再生可能エネルギーのローカルで小規模発電ネットワークによる「地産地有」電力であり、すでにそれは止めようのない奔流となっている。

しかし日本においては、原発を動かす電力会社の独占的構造から波及する巨大利益を山分けをし合う経済界の意向に忠実な現政権が、教皇フランシスコも最近の使徒的勧告『福音の喜び』(カトリック中央協議会、二〇一四年)できびしく批判している、いわゆる「トリクルダウン=おこぼれ」経済を懲りずに推し進めている。それは、大企業と富裕層を優遇することで富を全体に行き渡らせるという見通しだが、その実効性は識者たちからは常に疑われている。現政権の政策には、法人税の減額、国家戦略特区の開設、雇用の規制撤廃(すなわち非正規労働者の激増)、環太平洋戦略的経済連携協定(TPP)への参加、武器輸出解禁、さらにカジノ開場、リニアモーターカー建設など、大企業を利する施策が目白押しである。そこで宣伝される「成長」戦略には、しかし「人間」をたいせつにするという視点は見出せない。その「成長」とは、大企業が中小企業や個人事業者を踏みつぶし、富者が貧者の資本を収奪していくことだろう。

他方で貧者たち、すなわちいわゆる「九九パーセント」の富裕層に対する「一パーセント」のふつうの人々は、介護・医療費、年金、生活保護費の削減による社会保障の不安定化、雇用の非正規化、消費税の税率上昇、第一次産業の窮状放置などにより、いつのまにかワーキング・プア状態にあえいでいる。二〇一四年の調査によれば、日本社会の格差はますます拡大し、貧困率（一定基準を下回る等価可処分所得しか得ていない人の割合）は一六・一パーセント、子どもの貧困率も一六・三パーセントとなり、十八歳未満の子どもの六人に一人は貧困状態にある。この比率は、OECD諸国（ヨーロッパ諸国を中心とする三四か国の先進国が加盟）のうちで下から二番目だという。同じく教育への公的支出の国内総生産に占める比率は三・八パーセント（二〇一一年）だが、これは比較可能な三二か国のうちですでに五年連続最下位だという（OECD加盟国の平均は五・六パーセント）。

そして、こうした新自由主義政策によって生じる格差への貧者の不満を回収するのがナショナリズムという観念操作のツールである。市場経済がそのまま進行していけばグローバル化が拡がり、「国家」という縛りを必要としない人々が国境を越えて出て行ってしまう。大資本を有する多国籍企業はすでにそういう存在だ。しかし国家は税収や労働力確保のために、すべての人々がグローバル化してしまうことは望まない。そこで国民を統合し束ねておくために、ナショナリズムが喧伝される。現政権はアジアへの過去の侵略の歴史を直視することを頑強に拒み、わざわざ近隣諸国との緊張を高めている。国民の求心力を維持するためには外に敵が必要だからである。そして「愛国」意識や隣国への敵意を煽って国民意識をコントロールするために、放送局や大手新聞などのメディア、さらに教育が最大限に利用される。

さらにまた、国民から、また他国から富を収奪するためには、最後のところで物理的な力を必要とするがゆえに、この政権は強大な軍事大国と手を結び、その後ろ盾を利用しようとする。自民党政権の外交は常に対米従属であり、日米安全保障条約に基づく「日米同盟」が、憲法よりも実質的に上位に置かれる体制であった。特に米軍施設の約七四パーセントが押しつけられている沖縄では、ふんだんな補助金で地元民を買収・分断し、また選挙で明示された住民の意志を踏みにじりながら、辺野古《へのこ》、高江における基地建設、オスプレイの配備などを暴力的ともいえる手法で推し進めている。日本はこうして、秘密保護法、「集団的自衛権」の閣議決定、さらに「積極的平和主義」のスローガンをもって、米国という軍事大国とともに戦争する国家、軍事国家への道をひた走っている。

グローバル寡頭支配の世界で生き残ろうとする日本の富裕層のための政治を露骨に展開する政権の下で、私がキリスト教信仰に基づき「絶望」に近い危惧を抱くのは、なによりこうした社会において人間の尊厳が軽視され、倫理が崩れていくことを憂うからである。

「人間の尊厳をたいせつにする」、すなわち人権保護について、日本政府はすでに長年国連の各機関から改善を求める厳しい勧告を受け続けているが、無視を決め込んでいる。二〇一三年度の国連拷問禁止条約委員会、社会権規約委員会に引き続き、二〇一四年度の自由権規約人権委員会と人種差別撤廃委員会の審査においても、死刑制度、秘密保護法、ヘイトスピーチ（憎悪・差別表現）、日本軍「慰安婦」問題、朝鮮学校への適切な財政措置、福島第一原発被害者への正確な情報提供と健康に関する権利、刑事司法（代用監獄・取り調べ体制）、難民受け入れと処遇、マイノリティの教育・労働・生存権、学校での国旗・国歌をめぐる思想・表現の自由についてなど、多くの改善勧告を受けた。こうした国際的な人権の水準を率先して実行するのは、経済力で世界第三位の国の当然の責務であろう。

こうした勧告を無視し、首相や閣僚など多くの国会議員が政教分離について大いに疑いのある靖国神社参拝をなし、オリンピック開催のために福島第一原発の放射能は「アンダーコントロール」だと平気で嘘をつくような政権のありさまは、明らかに社会の反知性的な雰囲気を肯定し、助長している。特に、街頭でマイノリティへの差別や排外を口汚く叫ぶ「ヘイトスピーチ」や新聞雑誌や電車のつり広告における、同様のヘイト情報の氾濫、議会でのセクハラ野次などに見られる理性と品位の欠如は目を覆うばかりだ。首相が「とりもどしたい」という「美しい国」はどこにあるのか？

教育に関して、道徳教育を教科に格上げしたいという政府の本心は、個人の人格の完成という教育の目的達成ではなく、人間を自分たちのめざす社会の従順な歯車になりきらせるためのコントロールの徹底であろう。公教育はすでに塾や試験会社などの民間企業により市場化されつつあるが、そこに生じるのは受験競争の激化や格差拡大であり、それは「いじめ」などに顕在化する人間尊重教育の崩壊をさらに助長するだろう。格差社会の被害者である貧者は、ナショナリズムこそが彼らを支える最後の拠り所となると錯覚するのだろうが、それが排外・差別と結びつくとき、そこからでてくる行動は、痛めつけられた者が自分よりもさらに立場の弱い者たちを抑圧する「いじめ」に他ならない。

こうして今の日本社会には、中心の空虚さとそれへの無批判な同調圧力により、人々の失望が絶望へと没してしまう負のスパイラルが止めどなく回っているように思われる。

カトリック教会の平和と和解へのヴィジョン

現代のカトリック教会が語ってきた「いのちの文化」(ヨハネ・パウロ二世)が、今の日本社会では否定されている。それが私の憂慮の根本である。

第二バチカン公会議(一九六二―六五年)という歴史的出来事は、二十世紀の世界に二度までも壊滅的な打撃を与えた戦争をなくし、諸国民と諸宗教が和解しあう平和を実現するためにカトリック教会が変わることを目標とした。この事業を始めた教皇ヨハネ二十三世は、公会議の開始のまさにその時に勃発した「キューバ危機」、すなわち米ソが核戦争を始める一触即発の事態にいたった事件にショックを受けて、『地上の平和』(パーチェム・イン・テリス)という回勅を起草した。これは、『現代世界憲章』という第二バチカン公会議の総括であり、カトリック教会の現代世界への将来的な展望となる文書にも大きな影響を与えた。

「平和の交響楽」と呼ばれたこの回勅の各章には、主旋律のごとき「この秩序は、真理を基盤とし、正義に従って実現し、愛によって息づき完成され、自由において、たえず新しく、より人間的な均衡に向けて形成されていかなければなりません」というテーマが幾度も繰り返される。しかし、今の日本の政治はこのテーマになぞるなら「嘘とこじつけを基盤とし、利権と強欲に従って実現し、差別と切り捨てによって完成され、秘密と強制において形成されて……」であろう。

「希望」と「破局」を軸とする聖書信仰

さて「希望」はキリスト教の中心である。聖書の神とは、未来の約束において出会われる方であるが、その核心はキリストの復活である。しかし、希望は常に現在の経験とは矛盾する。

わたしたちも、神の子とされること、つまり、体の贖われることを、心の中でうめきながら待ち望んでいます。わたしたちは、このような希望によって救われているのです。見えるものに対する希望は希望ではありません。現に見ているものをだれがなお望むでしょうか。わたしたちは、目に見えないものを望んでいるなら、忍耐して待ち望むのです。

（ローマ8・23―25）

すなわちキリスト教信仰は、望みに反した現実において希望し続けることである。義と罪、いのちと死、栄光と苦難、平和と混乱、そして最終的に、復活と十字架の対立を越えていくこと、キリストの復活に、天国の永遠ではなく、十字架が立っている大地の未来を認識することである。

他方で「破局」とは、かけがえのないものをすべて失うこと、苦しみと屈辱、いのちの破壊と罪をまき散らす災いである。聖書に記されている出来事は、ノアの洪水から始まってヨハネ黙示録にいたるまで、実のところ破局の連続である。しかし、その破局の果てには、常に新しい始まりが隠されている。

「洪水」は、破局の原型である。

神は地を御覧になった。見よ、それは堕落し、すべて肉なる者はこの地で堕落の道を歩んでいた。神はノアに言われた。「すべて肉なるものを終わらせる時がわたしの前に来ている。彼らのゆえに不法が地に満ちている。見よ、わたしは地もろとも彼らを滅ぼす」。

（創世記6・12—13）

どうして神がこのような決心をしたのかについては、次のように言われる。

当時もその後も、地上にはネフィリム〔天から落ちてきた巨人・暴君〕がいた。これは、神の子らが人の娘たちのところに入って産ませた者であり、世界において強大な権力となり、有名な人々となった。

（同6・4、一部私訳）

このネフィリムとは、聖書の民にとって、エジプトのファラオ、アッシリアやペルシアの支配者、ローマ皇帝などであったろう。

こうして「主は、地上に人の悪が増し、常に悪いことばかりを心に思い計っているのを御覧になっ」た（同6・5）という成り行きは、しかし神が世界と人間を創造したそもそもの意図「〔創造は〕はなはだ良かった」（同1・31、私訳）とは真逆である。

支配者たちは、いのちを守ろうとはせず、死と同盟を結ぶ圧政を続ける。すなわち、軍隊・税・官僚による支配と民衆の弾圧、他国の侵略、苛酷な税のとりたて、大地（環境）への暴力である。これは、今も同じである。

これに対して神は「審判」する。「主は言われた。『わたしは人を創造したが、これを地上からぬぐい去ろう。人だけでなく、家畜も這うものも空の鳥も』」（同6・7）。

約束と歴史の神

ところで聖書の歴史には、遊牧民と農耕民の宗教性が絶えずせめぎ合っている。遊牧民とは、移民であり、動的、方向的、歴史的、未来的に生きる者たちである。その民の神像は「荒地の神」である。それは民とともにさすらう神として道の途上で顕現し、未来の「約束」の実現を伝える。これに対して農耕民は、定住・保守の人々であり、土地に束縛され、年ごとの種まきと収穫の円環を生きる者たちである。その神像は「平野の神」であり、繰り返しの中で腐れ行き混沌に脅かされる時間を、太初の原型の再現によって聖化する祭儀において顕現する「永劫回帰の神」である。

イスラエルは国を建て、つかの間の繁栄を得たものの、列強のはざまで、神の約束の地平を求めながらさ迷い、絶えず緊張した現実を生きてきた。その歴史は、族長物語・荒れ野のさすらい・ダビデの物語など、「道」を歩みつつ、神の約束の歴史の地平において語られる。過去の解釈は未来への預言となる。

そこで預言者が、この宗教の主要なアクターとして登場する。彼らは、平地の文化を克服し、最初の決断に戻ることを呼びかける。彼らが見出した神「ヤハウェ」は、現状を脱自する神であり、同様のあり方を人間に求めて、人格的な出会いによって人間を決断に導く。大国から迫られる威嚇の中で、イスラエルはこの預言者たちにより、国家的には没落しても宗教的には生き延びた。そして預言者が神の「審判」を語ることにおいて「終末論」が登場する。神は威嚇と絶滅脅威において、人々がそれまで知らなかった《ヤハウェの未来》への変革を要求する。そしてこの終わりの審判に、諸民族も巻き込まれる。

預言者と黙示文学にとっての破局

審判の展望をもたらした政治的な危機は、紀元前五八七年のアッシリアのネブカドネツァル王によるエルサレムと神殿の破壊とユダ王国の国家的独立の終焉である。それはイスラエルの歴史を導いてきた「約束の地」および「大いなる民にする」との約束の破局であり、奴隷状態からの解放(出エジプト)、シナイにおける契約、「約束の地」への進入という歴史において培われてきた神への信頼が砕けた出来事であった。

しかし、それはより深い次元において、聖書を誕生させ、神殿に地盤を置く宗教を常に捕囚の状態にある宗教に変えたといえる。それはローマ帝国によるエルサレムの滅亡(紀元七〇年)、さまざまな時代と地域における迫害、アウシュビッツにおける破局にいたるまでの宗教の始まりである。

この頃ユダヤ人たちは、すでにさまざまな口伝伝承を集めて自らの出自とアイデンティティを宣べる書物の編纂にとりかかっていた。自分たちを権威づけるために正史を書かせ、宗教儀式を大げさに執り行って政治に利用するためである。

ところが、とうとうバビロン捕囚という決定的な破局にいたって、この民は神の働き方の本質に気づく。自らの支配者たちの権威が地に落ちたことにより、正史を書くべき書記たちは自由を得、そこで自分たちが信じる神のあり様を歪めることなく、そのまま書き記してできあがったのが旧約聖書であった。

その神は、まわりの国の神々のように、暴君として上に立って人間を支配し、奴隷とする者ではない。むしろ人間たちのもとに自ら降り立ち、励ましながら共に歩む神であった。

以前からこうした神を語っていたのは、預言者たちだった。紀元前八世紀のアモスやホセア、イザヤとミカ、さらに捕囚の時期にはエレミヤ、エゼキエルなどの預言者たちは、国の危機にあたって、人間的な思いやわざ、すなわち富や力に頼ろうとする支配層に対して、ただ神にのみ従うという生き方の根本を思い起こさせようとした。バビロン捕囚期という民族の最大の危機の時代にまとめられた旧約聖書には、この精神が息吹かれているのだ。

すなわちこの破局は、散らされた民と共に迫害され、共に苦しむ神が、破局の中でご自身の苦しみによって世界を救う同伴者であるという、新しいメシア的希望を生み出した。新しい脱出、新しいエルサレムの建設、「主のしもべ」の神学である。

「しもべ」とは、財力や権力によって上から人を支配するのではなく、下から人々に奉仕する者である。こうした者をこそ神は選ばれ、「わたしの愛する者」としていつも共にいることを約束し、「恐れるな」とくりかえし励ます。それが旧約聖書の発見した神である。

彼は軽蔑され、人々に見捨てられ／多くの痛みを負い、病を知っている。彼はわたしたちに顔を隠し／わたしたちは彼を軽蔑し、無視していた。彼が担ったのはわたしたちの病／彼が負ったのはわたしたちの痛みであったのに／わたしたちは思っていた／神の手にかかり、打たれたから／彼は苦しんでいるのだ、と。彼が刺し貫かれたのは／わたしたちの背きのためであり／彼が打ち砕かれたのは／わたしたちの咎のためであった。彼の受けた懲らしめによってわたしたちに平和が与えられ／彼の受けた傷によって、わたしたちはいやされた。

（イザヤ書53・3―5）

預言者たちの時代が過ぎ、東地中海世界がアレキサンダー大王によるギリシアの支配に入った頃に新たに生まれたもう一つの終末論のタイプが「黙示文学」である。それは、破局を想起することから到来する神の直接介入、すなわちメシアによって一新される新世界を描く。

大地は完全に粉みじんに壊れ、その上にあるすべてのものは死に、裁きがすべてのものの上に行われるだろう。

（エノク黙示録1・7）

それから神の玉座が現れ（救い主なる）人の子が来られ、そして天と地は新たに創造される だろう。（同45・4）

なお見ていると、王座が据えられ「日の老いたる者」がそこに座した。その衣は雪のように白く／その白髪は清らかな羊の毛のようであった。夜の幻をなお見ていると、見よ、「人の子」のような者が天の雲に乗り「日の老いたる者」の前に来て、そのもとに進み／権威、威光、王権を受けた。諸国、諸族、諸言語の民は皆、彼に仕え／彼の支配はとこしえに続き／その統治は滅びることがない。（ダニエル書7・9、13―14）

黙示文学の歴史理解は決定論的である。ペルシア・ゾロアスター教の影響もあり、世界は悪と善との二元論において見られる傾向もある。そして、神の最終的介入による万事の一新は、預言者の活動に促されて人間がなす希望と自由な決断の代わりに「摂理」として現れてくる。

預言者的終末論に現れた「しもべ」としての救いの媒介者の姿を受け継ぎ貫徹したのは、まさにイエス・キリストであった。

この神は、自らへりくだり、イエス・キリストの十字架を通しての復活において、破局を自ら脱自される。それは、他者や異質のもののために自己放棄することによって自分を見いだすこと、すなわち「愛」を生きることである。そして、死を生の只中で克服していくこと、この世の生を全面的に受け入れることを基礎づけるのが、私たちを死から導き出し、よみがえらせる神の力への希望である。

そこで「破局」は、「復活」において乗り越えられる。キリスト教は、いのちを創造する神への信頼において、死の克服を希望する。「(最後の敵である) 死は勝利にのみ込まれた」(Ⅰコリント15・54)、「死はもはやない」(黙示録21・4)。

「復活」観念の形成

「復活」が聖書の信仰に現れるには歴史があった。イスラエルの民は、もともと現世的であり、神の恵みとは財産や子だくさん、長寿などだと考えていたし、来世への期待もなかった。しかし時くだり、紀元前三—二世紀のギリシアの支配下において、「自分たちの宗教のために殉教した義人たちの犠牲は報われないままなのか?」との問いに対して、終わりの時に神は審判の前に立たせるためにすべての者を呼び出し「復活させる」、すなわち死の眠りから「立ち上がらせる」という展望が拡がった。

基礎にある経験は、出エジプトにおける奴隷状態からの解放、死の危険からの救いであろう。

「主なる神はこう言われる。わたしはお前たちの墓を開く。わが民よ、わたしはお前たちを墓から引き上げ、イスラエルの地へ連れて行く。わたしが墓を開いて、お前たちを墓から引き上げるとき、わが民よ、お前たちはわたしが主であることを知るようになる。また、わたしがお前たちの中に霊を吹き込むと、お前たちは生きる。わたしはお前たちを自分の土地に住まわせる。そのとき、お前たちは主であるわたしがこれを語り、行ったことを知るようになる」と主は言われる。（エゼキエル書37・12―14）

預言者の言葉の中にも、死の絶滅として、死者の永遠のいのちへのよみがえりについての記述が見いだされる。

あなたの死者が命を得／わたしのしかばねが立ち上がりますように。塵の中に住まう者よ、目を覚ませ、喜び歌え。（イザヤ書26・19）

〔主は〕死を永久に滅ぼしてくださる。主なる神は、すべての顔から涙をぬぐい／御自分の民の恥を地上からぬぐい去ってくださる。（同25・8）

そして、黙示文学の時代に、復活の観念は明確になっていく。

多くの者が地の塵の中の眠りから目覚める。ある者は永遠の生命に入り／ある者は永久に続く恥と憎悪の的となる。（ダニエル書12・2）

抵抗した義人や殉教者たちの行く末に復活が期待されるが、それはファリサイ派とサドカイ派との間のイエスの時代の復活論争にもつながっていく。

もし彼が、戦死者の復活することを期待していなかったなら、死者のために祈るということは、余計なことであり、愚かしい行為であったろう。（Ⅱマカバイ書12・44）

最後の審判の後に神の新しい創造が実現するという黙示文学の見方からすれば、イエスの「神の国・支配」の宣教活動は、終わりの時、神の最終的な審判の時が今こそ始まったとの告知であったし、また彼の「復活」とは、創造の真の成就だということになる。

新約聖書において、神は「イエスを死者の中から復活させられた」（ローマ10・9）方、「死者に命を与え、存在していないものを呼び出して存在させる神」（同4・17）である。そしてキリストは「命への導き手」（使徒3・15）、「死者の中から最初に復活した」方（同26・23）、「御子は初めの者、死者の中から最初に生まれた方」（コロサイ1・18）、「わたしは復活であり、命である。わたしを信じる者は、死んでも生きる」（ヨハネ11・25）方である。

ユルゲン・モルトマンによれば、聖書の神は「現臨（praesentia）」ではなく「到来する（adventus）神」、活動し、世界に向かい、その中に入って来られる方、時間の中にいのちを開示する「将来」たる（まさに来たらんとす）神だとされる。カール・ラーナーも同様に「神とは、絶対的将来」であるという。

すなわち、キリストの到来は、時間を超越したり静止させるのでなく、時間を開き、歴史を動かす。新しくされた創造の中にご自身が、支配を打ち立て、内住される。かつて「わたしはある。わたしはあるという者だ」「わたしは、わたしのなろうとする者となるだろう」（出エジプト記3・14）と呼びかけた神は、イエス・キリストにおいてその到来を満たされた。

そして人間は、この神の到来の中に入ることにおいて「新しい人間」となりうる。「起きよ、光を放て。あなたを照らす光は昇り／主の栄光はあなたの上に輝く」（イザヤ書60・1）との預言は「愛する者たち、わたしたちは、今既に神の子ですが、自分がどのようになるかは、まだ示されていません。しかし、御子が現れるとき、御子に似た者となるということを知っています。なぜなら、そのとき御子をありのままに見るからです。御子にこの望みをかけている人は皆、御子が清いように、自分を清めます」（Ⅰヨハネ3・2―3）として成就する。

希望？

こうした希望にある人間、神の約束の成就に飢え渇く「旅人」は、絶望的状況においていかに生きるのだろうか？　諦念・悲哀・怠惰にとらわれてはならない。地獄とは希望の喪失である。

それは「見よ、わたしは万物を新しくする」（黙示録21・5）と言われる方の御手（無から有をつくりだす創造と、死者を生きかえらせる復活）のうちに世界を見ることだろう。キリスト者の希望は、過去に固着できず、現状維持にも留まりえず、現実の創造的な変革に召されている。

迫害の最中にあった魯迅は次のように書いた。「いま私のいう希望なるものは、私自身の手製の偶像ではないだろうか。……思うに、希望とは、もともとあるものだともいえぬし、ないものだともいえない。それは地上の道のようなものである。もともと地上には、道はない。歩く人が多くなれば、それが道になるのだ」（『故郷』竹内好訳より）。

出口は見えないが、前進する他ない。その前進自体を「希望」とすること、希望を語るにはあまりに暗い現状の中で、暗さの中にたじろぎ止まるのではなく、暗さを突きぬくいのちへの切望の最後のひと搾りを祈願として歩み続けること、それがバビロン捕囚期に神を信頼して創造物語をつむぎだした聖書の民の祈りであった。

そしてイエスは「貧しい人、悲しむ人、義に飢え渇く人、義のために迫害される人……」が「幸いである」、すなわち「祝福」されていると呼びかけた。それは、歩みを支え励ます神の力がそこに働くという意味である。神の力は、小ささと弱さを通して働かれる。神の救いと解放の力とは、絶望しそうになるほどの弱さ、無力さ、しかしそこで神にのみ寄り頼み続ける人々のうちにこそ働く。

ただ願うことしかできない貧しい人間の嘆きにおいて、どろの底に根をおろして花を咲かす蓮のように、キリストの祈りは生い育つ。福音はそこで力となる。絶望の壁に迫られながらも、そこでイエスの姿を見ることにより、自分も彼のように生きよう、どんなにつらくてもまっすぐにこの道を歩もう、侮りや圧迫、暴力や謀略という悪によって自分が引き落とされない品位を保とうとする思いが湧き出てくる。それが福音の力、その幸い、復活の信仰、聖霊の導きだろう。

「闇に住む民は光を見た」（イザヤ書9・1、私訳）といわれるように、人は暗闇の中を歩んでいるときにこそ、わずかな光をも察知する。どん底に立ってこそ、ものははっきりと見える。「光」が「光」として見える。神だけに頼り、立ち上がろうとするとき、神の力が働く。復活（アナスタシス）とは、打ちのめされて地面に倒れていた者が、むっくりと「起き上がる」こと。すべてが失われたが、それを喪失と見るのでなく、新たな目で世界を見て、新しい時間を歩み始める機会とすること。そこに神の力が働く。

ローマの信徒への手紙における希望についてのパウロの言葉は、ふつう「苦難は忍耐を、忍耐は練達を、練達は希望を生む」（5・3―4）と訳されるが、この「練達」を「不撓不屈」と読むならば、そこに生まれる「希望」の意味はもっと明らかになるだろう。絶望状況のなかで、偽りの希望にも、いかなる絶望にも同調しないこととは、受け入れるほかないものに向かって「目覚めて」祈り（マルコ13・33）続けることであろう。このイエスの終末に向けてのメッセージの総括は、「待つ」ことにおける希望と絶望の間のたたかいこそが、すでに復活が私たちをとらえていることのしるしであることを意味している。

希望の根を探して

中川　博道

司牧の現場から「希望」という言葉を見ていきますとき、何かしら生気を失った印象を拭い去れません。日本の社会では、一般的に「希望」という言葉が「夢」「理想」「目標」のような意味で使われているように、結局は人間の努力にすべてがかかっているかのような雰囲気の中でしか、「希望」は受け止められていないように思います。

この現実は、教会生活や奉献生活の中にも深く入り込んでいて、「救いの希望」さえも、すべてわたしたちの努力や勤勉さにかかっているかのような錯覚をつい抱かせてしまいそうな様相です。それは、希望を抱かせる共同体というよりむしろ、重苦しい、些細なことを問題にしがちな閉塞感を醸し出しがちです。

教会が「不毛な悲観主義」（教皇フランシスコ『福音の喜び』カトリック中央協議会、二〇一四年、第2章84番）への警告を促す時代にあって、「希望」とその裏返しである「絶望」との間を揺れ動いてきた現代の歩みを概観しながら、あらためて「希望」を生きることの意味と、その根にあるものを探っていきたいと思います。

希望を生きることについての現代教会の見直し――『希望による救い』の光のもとに

夏期講習会の総合テーマは二〇一二年に「愛」を、二〇一三年は「信仰」を取り上げ、今回はその流れとして「希望」を取り上げています。この一連の流れは、対神徳としての「信仰」「希望」「愛」において、キリストのいのちをわたしたちがどのように現代において生きていくかを問いかけているものとしてわたしは理解しています。

この中で出会ったベネディクト十六世の回勅『希望による救い』（カトリック中央協議会、二〇〇八年）は、この問題に光を当ててくれるものでした。十六世紀のヨーロッパにまでさかのぼって、教会とこの世界が「希望」という問題をどのように生きてきたのかを概観する壮大な視野を与えるもので、現代の教会が希望をどのように生きているのかを振り返らせる内容になっています。まず、この回勅を通して、わたしたちが置かれている「希望」についての状況を整理することから、考察していきたいと思います。

『希望による救い』は、近代におけるキリスト教信仰と希望がどのように変容してきたかを振り返り、「イエスのメッセージを個人だけに当てはまるものだとして、厳密に個人主義的に解釈する思想」（16番）へと、希望が変容してきた変遷をなぞっています。その変容は、キリストの教えを「すべてのものごとに対する責任から逃れた『魂の救い』」「利己主義的な救いの追求」「他者に奉仕することの拒絶」（同16番）であるかのように解釈されるようになってしまっている現状として分析されています。そして、このように変容したキリストとその生き方についての理解の「近代の基礎をなす諸要素に目を向ける」必要を訴えます。また、わたしたちがあらためて何を希望しうるのかを問い直すためにキリスト教とキリスト教における希望の概念と対話を行う上で「近代の自己批判」が必要であることを強調しています（同22番）。

同回勅は、近代精神の潮流の起点としてフランシス・ベーコン（一五六一―一六二六年）をとらえ、その「科学と実践を新たに関係づけることによって、この被造物に対する支配権が回復される」（16番）という思想から出発した人類の歩みを振り返ります。また、この流れの結果、「今や希望は『進歩への信仰』と呼ばれ」る（同17番）までに至った現実を見据えています。かつて「人間は、楽園からの追放によって失ったものの回復が、イエス・キリストへの信仰から与えられると期待していました」が、「今や人間は、この『あがない』、すなわち、失われた『楽園』の回復を、信仰ではなく、科学と実践の間に新たに発見された連関が与えてくれる」（同上）ものとして期待するようになりました。

しかし、「信仰はまったく否定されたのではありません。むしろ信仰は、別の次元に移されます。すなわち、完全に私的な、あの世のことがらの次元です。同時に信仰は、ある意味でこの世と無関係なものとなりました。この計画的な思想が近代の歩みを規定しました」（同上）。この進歩思想の中心を理性と自由というふたつの概念が占めるようになったことにより、やがてこの概念は、政治的な側面を持ち、暗黙のうちに信仰と教会の束縛や当時の政治構造の拘束と対立するものと考えられるようになります。そして、より良い世界への進歩は、科学だけでなく、政治によってもたらされるという思想をともなって、政治体制を革命によって変えていくという方向性を取っていきました（同8—20番参照）。こうした原理を近代の政治の世界にまで広げていった試みが、「一八四八年の『共産党宣言』で生まれた共産党によって、彼〔マルクス〕」（同20番）が推し進めていった革命でした。これによって世界は真実な希望に満たされた世界を実現することができると期待し、それを目指して動き始めたのでした。

しかし、ベネディクト十六世は、このような「近代におけるキリスト教信仰と希望の変容」を生きてきた現代世界において、「進歩とは、投石器から原子爆弾への進歩」（同22番）である側面を熟視し、進歩が真に人間の進歩たりうるためには、人間性の成長の必要すなわち、理性を〝救いをもたらす信仰の力〟に開いていくことが必要であると訴えています（同23番）。

このようなプロセスが、単にヨーロッパ世界の問題ではないことは明らかです。明治以降の日本の近代史を見つめ続けた司馬遼太郎（一九二三—九六年）が最晩年、次世代へのメッセージを送っています。

> 21世紀にあっては、科学と技術がもっと発達するだろう。科学・技術が、こう水のように、人間たちをのみこんでしまってはならない。川の水を正しく流すように、君たちのしっかりした自己が、科学と技術を支配し、よい方向に持っていってほしいのである。

（『対訳 21世紀に生きる君たちへ』朝日出版社、一九九九年、14頁）

しかし、科学技術が目覚ましく進歩していく世界にあって、「近代のキリスト教は、世界を次第に形づくっていった科学の成功に直面して、ほとんど個人と個人の救いにしか関心を向けないようになりました。……こうしてキリスト教は自らの希望の地平を狭め、自らの偉大な務めを十分認識できなくなりました」（同25番）と同回勅は振り返ります。

この回勅における近代からの「希望」の変容にまつわる歴史的分析は明快なものであり、わたし自身と現代の教会が陥っている現状を読み取っていくための光がここにあるように思いました。確かに、現代は「今日、人類はその新しい時代に入っており、深刻かつ急激な変化が次第に全世界に広まりつつある。要するに人類は、より静止的世界観からより動的・進化的世界観へと移行している」（『現代世界憲章』4、5番。『第二バチカン公会議公文書』改訂公式訳、カトリック中央協議会、二〇一三年）と五十年前にすでに第二バチカン公会議が分析した時代の難しさを生きています。そして、それはますます混迷を深め、カトリック教会は「危機に直面する共同体」（『福音の喜び』第2章）として、世界の前に立たされています。こうした現実の中で自分たちが真の「希望」をどのように生きることができるのかがわたしたちの課題です。

しかし、この探求をしていく上で、回勅『希望による救い』が結論として指摘している言葉を重く受け止めるべきであると思います。

〔フランシス・〕ベーコンが霊感を与えた近代の知的潮流に従った人々は、人間が科学によってあがなわれると考えましたが、それは誤りです。この期待は科学に過大な要求をすることになります。この種の希望は偽りです。（同25番）

この結論をどのように受け止め、どのように生きるかがわたしたちには問われています。

「絶望」について

一方、今回「希望」についての見直しを進めるなかで、当然のこととして見なければならなかったのは「絶望」の問題でした。「希望」を語るのに、「絶望」を視野に入れた「希望」でなければ真の「希望」ではありえないからです。そして、絶望を探究するなかで、「絶望」について語るセーレン・キルケゴールの『死に至る病』に至りました。近代の知的潮流に陰りがさし始めた現代の入り口にたたずんで、現代への警鐘を鳴らしたキルケゴールに出会いなおしたような思いです。

「私にとって真理であるような真理を発見し、私がそれのために生きそして死ぬことをねがうようなイデー（生活原理、生活根拠という意味での理想のこと）を発見することが必要なのだ」（工藤綏夫『人と思想　キルケゴール』清水書院、一九六六年、54頁参照）と実存の根に自己が基礎づけられることを捜し求めたキルケゴールは、『死に至る病』の冒頭で次のように言っています。

人間は精神である。精神とはなんであるか。精神とは自己である。自己とはなんであるか。自己とは自己自身にかかわる一つの関係である。いいかえればこの関係のうちには、関係がそれ自身にかかわるということがふくまれている。

（『死に至る病／現代の批判』松浪信三郎訳、白水社、一九七八年［第3刷］、20頁）

ここで「精神」と訳される語は、次のように言われます。

「精神」（Spirit）とは、キリスト教文明をもつ西欧では、聖書の「聖霊」と関連したニュアンスをもって使用される語である。いろいろな心理的なはたらきをする「心」一般（Soul）と区別された、特別な心のはたらきを意味する語が「精神」であって、人間の霊魂の奥底で神と交わり、永遠者・無限者の意識にめざめるはたらきをなすものが、この「精神」なのである。この精神を「自己」としてとらえるところに、キルケゴールの独自性がある。

（『人と思想　キルケゴール』清水書院、178頁）

キルケゴールは、「人間は精神（Spirit）である」と定義し、人間を「霊的存在」すなわち、「自己の最も深みにおいて、生きる神と出会うことに開かれた相を有している存在」と受け止め、生きようとしています。その第一部の表題が、「死に至る病とは絶望である」と言われることの根底に、このような人間理解があります。キルケゴールにとって、霊的存在である人間が神との関係性を生きて「本来そうなるべき自己になる」無限の努力のうちにありつづけることが、「実存する」ということの意味でした。自己がこのような意味での実存となっていない状態、自己の本来の姿を見失った自己喪失の状態にあること、これが死に至る病としての「絶望」なのです。

松浪信三郎（一九一三―八九年。フランス哲学の研究・翻訳者）は、第二次世界大戦後の急速なキルケゴール研究の広がりについて次のように分析しています。

それは何ゆえだろうか？　二十世紀における二度の大戦は、人類の進歩という安易な理念を、根底からくつがえしてしまった。人間はどこへ行くかという問いが、あらためて問いなおされなければならなくなった。不安の時代、人間疎外の時代にあって、ひとびとはこの根本的な問いに答えてくれる思想家を呼び求めている。……〔戦後〕キルケゴールが一方の極に、マルクスが他方の極に、いわば予言者として立ちあらわれたのは偶然ではない。……マルクスが人間の解放をもっぱら社会的条件の変革に求めるのに対して、キルケゴールは人間の回復をひたすら実存の自由な決断にゆだねようとする。

（「キルケゴール――人と作品――」『死に至る病／現代の批判』、306頁）

マルクスとキルケゴールは同時代を生きた人であり、マルクスが一八四八年に『共産党宣言』を書いた翌年、一八四九年に『死に至る病』がキルケゴールによって発表されていることに研究者たちは着目しています。『希望による救い』は、「〔フランシス・〕ベーコンが霊感を与えた近代の知的潮流」（25番）を革命にまで推し進めたマルクスの真の誤謬は唯物論にあるとしながら、有利な経済的条件を作り出すことによって、外部から人間を救うことはできないことを結論しています（同）。

科学は人間をあがなってくれません。人間をあがなうのは愛です。……人間は無条件の愛を必要としています。……もし絶対的な確信を伴う、この絶対的な愛が存在すれば、そのとき……人間は「あがなわれます」。（同26番）

自分を満たしてくれるのは無限のものだけだということが明らかになります。（同30番）

この偉大な希望は、神以外にありえません。神は全宇宙を包み、わたしたちだけが自分だけでは手に入れることのできないものをわたしたちに与えてくださるからです。まさにそれがたまものとして与えられることが、希望の一部です。神は希望の基盤です。（同31番）

「絶望」を癒す真の「希望」

混迷を深める世界の中で、神が人となった神秘イエスとその福音を思い巡らす教会は、次のように言っています。

宣教への熱意を失うことがあります。福音は人のもっとも奥深くからの必要にこたえるものであることを忘れてしまうからです。わたしたちが造られたのは、福音が示すこと、すなわち、イエスと友情を結び兄弟姉妹を愛するためなのです。福音の本質を適切に美しく表現することができれば、間違いなくそのメッセージは、心の奥深くからの問いに対するこたえとなります。

（『福音の喜び』265番）

キルケゴールは、現代実存主義の創始者、またはその先駆けと評されるようになりました。その思想は現代において、近代を導いてきた科学技術最優先の思想潮流の行き詰まる時代に突入しながら、人間存在のより深い次元を明らかにする意味を持ったと言えます。二十世紀は、その初めから希望への開きが現れた世紀でした。

今世紀初頭、シャルル・ペギーはその著書『希望の神秘への鍵』の序文に、「『私が最も愛する信仰は希望である』と神は言われる」と書いた。以後半世紀余りを経てようやく、神学はこの簡素なメッセージにこもる預言的内容をとらえ、理解し始めた。一九六〇年代に希望は神学の中心的テーマとなり、それがほとんど最新流行の観を呈した。

（「サクラメントゥム・ムンディ」『神学ダイジェスト』79号、上智大学神学会神学ダイジェスト編集委員会、一九九五年、126頁）

時を同じくして、二十世紀初頭から、カトリック教会の中に、神と人との出会いを神学的に反省する「霊性神学」が立ち上げられてきました。ちなみに「霊性」（Spiritualitas〔ラテン語〕spirituality〔英語〕）とは、霊としての存在である人間が、その超越者（神）と出会うあり方全般を表します。

それまで、「修徳神学（ascetica, 人間の側から神に近づいていこうとする過程を扱う神学）」と「神秘神学（mystica, 神の側から人間に自らを現そうとする過程を扱う神学）」としてそれぞれ発展してきた二つの分野が統合され、神と人と世界との出会いの神学として「霊性神学」が組織化されていきました。その後、この神学は第二バチカン公会議を経て大きく展開され、二〇〇〇年の大聖年を期に大きく発展し始めています。聖ヨハネ・パウロ二世の呼びかけは、次のように二十一世紀の教会の中に響いています。

多方面で世俗化が進んでいるにもかかわらず、世の中に霊性の要求が普及していることは、今日見られる「時のしるし」です。このしるしは、世界の大部分において、祈りの新たな必要として表面化してきたのではないでしょうか？……ここで、輝かしい多くのあかしの中でも、十字架の聖ヨハネの教えや、アビラの聖テレジアの教えをどうして忘れることができるでしょうか？（ヨハネ・パウロ二世『新千年期の初めに』カトリック中央協議会、二〇〇一年、33番）

また、現教皇の呼びかけも同様です。

イエスがわたしたちの実存に再び触れてくださり、ご自分の新たないのちの交わりへと駆り立ててくださるままになること、それは何とすばらしいことでしょう。……ですから、観想的な精神を取り戻すことが急務です。
（『福音の喜び』264番）

しかし、こうした呼びかけと並行して、教皇たちが指摘する事柄も心に留めなければなりません。内向きで個人主義的な霊性への誘惑は退けなければなりません。それは、愛からくる要求や、いうまでもなく受肉の意味とも相いれないものだからです。
（『新千年期の初めに』52番）

孤立、それは内在主義の言い換えであり、神を排斥した偽りの自立として表現されます。しかし宗教界では、それは不健全な個人主義に見合った霊的消費主義として見いだされます。現代を特徴づける、聖なるものへの回帰とか霊的な探究といったものは、両義的な現象です。今日わたしたちが直面しているのは、無神論以上に、多くの人の神への渇きにふさわしくこたえるという課題です
（『福音の喜び』89番）。

「真の希望」を生きる道としての「霊的歩み」

こうした、教会の観想的あり方への呼びかけと警戒を聴くとき、生きる神との出会いを神学的に取り上げていく「霊性神学」の成立に深くかかわった跣足カルメル修道会のカリスマの源泉である、アビラの聖テレジア（一五一五年―八二年）の霊的体験と教説は注目に値します。なぜなら、聖テレジアの神との出会いの体験は、あくまでも「人となった神イエス・キリスト」との出会いを日常性の中で生きることを中心軸として展開されているからです。テレジアは言います。

いかにしてキリストの人間性の観想が最高の完徳に至る手段であるか。

（イエスの聖テレジア『自叙伝』22章タイトル。中央出版社、一九八五年）

さらに強い調子で

どんなに霊的な人にせよ、われらの主、救い主イエズス・キリストの人間性、その聖なるご受難、ご生涯をいつも考えるように努めないのは、どんなに大きな誤りであることか。

（イエスの聖テレジア『霊魂の城』第七の住まい1章7タイトル。ドン・ボスコ社、一九九一年）

テレジアは、どこまでも「受肉の神秘」を土台にしてイエスとの観想的な出会いを求めて生きました。その体験的教説（同『自叙伝』22章、『霊魂の城』第六の住まい7章参照）故に、一九七〇年、「霊的な人々（神との出会いを求めて生きる人々）の母」という称号を送られ、教会史上初めて女性として、現代の人々の霊的養いになると認められて教会博士にあげられることになったのです。

テレジアは、フランシス・ベーコンと同時代を生きた人でした。十六世紀、ヨーロッパの大きな変革時代を生きた二人は、全く異なったあり方で人間の根本問題の解決の道を探ったと言えます。ベーコンが、人間の「あがない（失われた「楽園」の回復）」を、科学と実践を新たに関係づけることによって実現するという世界との関わりの方向性を打ち出したのに対し、テレジアは、人間の内面を深く掘り下げ、「心の深い深い、いちばんの奥底」においでになる「神なる友」（『霊魂の城』第七の住まい1章7参照）との出会いを通して、人間の真の回復の道を見出したのでした。

テレジアはその著作（代表作『自叙伝』『完徳の道』『霊魂の城』『創立史』『霊的報告』など）をもって、また彼女が残したものを受け継いできた修道家族の生活形態（直接的には跣足の女子と男子そして在世会、そしてテレジアの霊性を基盤として生きる六十余りの修道会、奉献会等）を通して、そのメッセージを伝えてきました。二〇一五年にカルメル会は、聖テレジアの生誕五百年を祝いますが、この間、現代に至る歴史の流れの中で、聖テレジアの体験と教説、そしてその共労者である十字架の聖ヨハネ（一五四二―一九一年。一九二六年「教会博士」となる）の体験的教説は受け継がれて生き続け、神学的に反省され体系化されて、霊性神学の成立にも大きな役割を果たしてきました。

テレジアと同じ時代に打ち出され、近代を導いてきた科学と技術による楽園の回復の試みが行き詰まってきた現代、テレジアは人間の深みに人々を招き、受肉の神秘に裏付けられた霊における神との出会いの中に人間の真の回復の道、絶望からの解放の道を示そうとしているように思います。

絶望から希望へ

ところで、テレジアは、一つの内面的な体験から、この「霊性」を具体的に教会と世界に広めていく決断へと促されました。その体験とは、霊魂内に於ける、全くの神不在の体験（地獄の体験）、「絶望」の体験でした。

テレジアは、外面的には、非常に低く暗く狭く、たいへん不潔で悪臭にみちた泥水のような場所に押し込められとても窮屈な思いをする体験をします。さらに、そのなかで次のような感じを抱いたと言っています。

霊魂は、圧迫、もだえ、あまりにも激しい悲しみ、あまりにも絶望的で悲痛な不満を感じ、……霊魂自身が自らを粉砕するのです。繰り返して申しますが、いちばん恐ろしいのはこの内的な火、この魂の絶望です。

（『自叙伝』32・2）

これは、テレジア自身「私が読んだものとは全く違うものです」と言っているように、いわゆる地獄絵図的な体験ではありません。そしてこの神不在の霊魂の絶望の体験の描写は、現代人の魂の孤独と絶望の体験の吐露の表現に通じるものがあります。テレジアはこの体験を「主がくださった最も著しいお恵みの一つ」（同32・4）と言って、この体験から、人々がこうした絶望の状況に陥らないために自分は何ができるかを真実に問い始めたと言っています。

これほど恐ろしい苦しみから、ただ一つの霊魂を救い出すためだけでも、私はたしかに、千度の死をも耐え忍ぶことでしょう。（同32・6）

その結果

私は神のために何をすることができるかを考えた末、先ず第一に私のなすべきことは、会則をできるだけ完全に守りつつ、主が私をお呼びくださった修道生活の召命の義務に応えることだと思いました。（同32・9）

これは、自分が呼ばれた世界で実際に生活を持って心からイエスに従うことを意味していました。イエスがどのように人々を愛し、この世界に関わり、天の御父に聴き従って生きているかの具体的な探求であり、現代の教会が長い伝統をくみ取って「貞潔で貧しく従順であるイエス」（福音的勧告）と象徴的に伝えるイエスの生き方を選び取ることでした。それは同時に対神徳としての「愛」・「希望」・「信仰」の見直しを意味していました。「貞潔」は「愛」に、「清貧」は「希望」に、「従順」は「信仰」に内的に深く結ばれているものです。テレジアはこのような流れの中で、カルメル修道会の改革に着手し、跣足カルメル修道会をおこし、主イエスを真実に求める道を共同体として歩み始めました。

このテレジアの体験的到達点は、『霊魂の城』の中で記されている、(三位一体の三つのペルソナ全部が)「自分の心の中――心の深い深い、いちばんの奥底――においでになる」(第七の住まい1・7)ことの確認です。「無学なため、どのようにしてかを説明することはできなくても、自分の内部に神なる友がおいでになるのを感じます」(同上)という体験的な認識でした。テレジアは、この書の中で人間を「ダイヤモンド、あるいはたいへん透明な水晶でできているお城」と捉え、その「中心に神である王様の住い」があり(同第一の住まい1章参照)、この内なる神との出会いへの歩みをこの著作全体を通して展開していきます。内面化への歩みの中に真の人間の解放の可能性を見出すテレジアがいます。しかし、霊魂の最も深みにおけるイエスとの交わりの体験は、実生活の中で隣人への愛を生きるイエスとの一致の体験でもあるのです。

ここで一つ注目したいことは、テレジアが、霊魂の大罪(神との関係性の断絶)の状態について次のように言っていることです。

これよりも濃い闇、これ以上、暗く、黒いものはありません。あなたがたには一つのことを知ればじゅうぶんでしょう。つまり、霊魂にあれほどの輝きと美を与えていた太陽は相変わらず霊魂の中心にとどまっていられるのに、まるで存在しないのも同然になったのです。――霊魂が、もう少しもそれにあずかりませんから。とはいえ、……かれにはいと高き神をたのしむ能力《ちから》がありますのに……。

（『霊魂の城』第一の住まい2・1）

もし自分の状態がわかったなら、どうして、この水晶を塗りつぶしたチャン〔アスファルトのようなもの〕をぬぐい取ろうとして努力せずにいられましょうか。（同第一の住まい2・4）

ここで注意しなければならないのは、この泉、あるいは、霊魂の中心にあるあのきらめく太陽は、少しも輝きや美しさを失わないということです。（同第一の住まい2・3）

すなわち、霊魂がその関係性をたとえ断ち切って生きているとしても、霊魂における神の現存はつづいていることを断言します。これについては、十字架の聖ヨハネも次のように言っています。

どんな人の心の中にも、たとえ、この世における最悪の罪人であっても、神はその中に実際にましまし、その力となっておられているということである。……こうした一致がなければ、それらのものは、たちまち無に帰してしまうということである。

（十字架の聖ヨハネ『カルメル山登攀』ドン・ボスコ社、二〇一二年、2・5・3）

これは二人の教会博士たちによる神秘家としての目から見えてくる現代に向けられた「人間の真実の姿」なのです。

教会は、近世の始まりにおいて、神との関係性の断絶における絶望の体験をしたテレジアをとおして、明確なメッセージを送りはじめました。イエスとの出会いのうちに内在的な「父と子と聖霊の交わりの神」の現実を受け入れて、その生きる道を示すことでした。「霊的な人々の母」である「教会博士」としての役割をテレジアが受けたのは、この体験的な教えを通して現代人が生き抜くための道筋を見出すためであったように思います。

希望を生きる念祷の道

テレジアの霊的体験は、一貫して人となった神イエス・キリストとの出会いの道のりでした。それは、先に触れたように教会が長い歴史の中で見極めてきた、「貞潔で貧しく従順な方イエス・キリスト」（教皇ヨハネ・パウロ二世、使徒的勧告『奉献生活』序文1　カトリック中央協議会、一九九七年）との出会いを日常の中で生きる道でした。イエスの具体的な兄弟愛「貞潔」、創造的に世界の変容にかかわる愛の奉仕「清貧」、そして、父なる神に聴き従う「従順」の道です。これはイエスとの生きた交わりを生きる歩みで、現代の教会が「内向きで個人主義的な霊性への誘惑」や「孤立としての内在主義」や「個人主義に見合った霊的消費主義」として警戒していることを超えてゆくことができるよう示唆を与えるものでした。

この生き方の中心は、テレジアにとって「念祷（oracion mental）」と言われる祈りの道です。長い経験の中から生まれたテレジアの念祷の定義は、

念祷とは、私の考えによれば、自分が神から愛されていることを知りつつ、その神と、ただふたりだけでたびたび語り合う、友情の親密な交換にほかなりません。（『自叙伝』8・5）

この定義は、祈りについての教会の体験の根底にあるものを表したといってよいと思います。テレジアは、「私は、私の内部に臨在されるイエズス・キリストをながめて生活するようにできるだけの努力をし」（『自叙伝』4・7）、また「自分のうちにキリストをあらわすように努め」（同9・4）ました。そして、「主が本当に自分の貧しい家にお入りになったのだということを信じ、できるかぎりすべて外のことからこころを離して主と共にみずからのうちに潜みました」（『完徳の道』34・7）と伝えています。テレジアにとって、祈ることとは霊魂の内部においてキリストのペルソナに注意を向けることであり、イエスとのペルソナ的出会いでした。それは「イエスとの友情の交わり」を生きることであり、念祷を生きることは、生活全体と関わりがあることです。念祷をすることとイエスとの友情を分かち合って生きることを同列に置くテレジアは、祈ることとは神を友人として選びとることであると結論づけていきます。

ここで明らかな念祷についてのテレジアの概念の重みはことごとく、今ここで互いに向かいあっ

て友情を生きているふたりのペルソナにかかっています。すなわち、真実なイエスとの友情の交わりを生きていく念祷は、イエスの〝隣人への愛〟と〝世界への奉仕〟と〝父である神への従順＝真理と正義を生きる〟を日常生活において真実に生きる者となっていく道でもあるのです。こうして人間は最も深い意味での生きた真実な「自己」になっていくのです。それは、「わたしたちが造られたのは、福音が示すこと、すなわち、イエスと友情を結び兄弟姉妹を愛するためなのです」（『福音の喜び』265番）とフランシスコ教皇が仰ることとの実現の道なのです。テレジアはこの念祷の道をあきることなく現代に伝える使徒であると思います（『完徳の道』26―29章参照）。

ここに、科学技術の進歩だけに希望をかけることの行き詰まりを体験し始めた現代の入り口で、霊的存在である人間の内面を深く探り、「霊」において絶対的他者との関係性を生きることの中に真の希望を見出そうとした現代の渇きへの生きた答えがあるのです。

そして人となられた神イエスとの生きた友情の交わりの中に、現代の絶望を具体的に乗り越えていく希望への道が示されています。

今まで、近代からのキリスト教的希望の変遷の転換点となった主な動きを見ながら、希望について探ってきました。

二十一世紀が始まって、結論のように「人間は無条件の愛を必要としています。もし絶対的な確信を伴う、この絶対的な愛が存在すれば人間は『あがなわれます』」（『希望による救い』26番）と、教皇をして叫ばしめたように（または「言わしめたように」）、わたしたちの「心の深い渇きに真実に応えてくださるお方」との出会いの中にしか「希望の根」はないのだと思います。

しかし、希望の根は、わたしたちの方から探し始めなければ見出すことはできないように思います。毎日の生活の中で、神との友情の交わりを深めるための数分の時間を取りながら歩み続けることが真の希望に繋がっていくのです。散歩しながらでも、仕事の合間にふと手を休めながらでも、横になりながらでも、また、後ろめたさや罪の傷を抱えている時でさえも、このお方に歩みよることのできる希望への道がすべての人の心の中に広がっています。このお方自身が絶え間なくわたしたちの心の扉をたたきつづけています（黙示録3・20―21参照）。

希望――いのちからの平和への招き

竹内　修一

はじめに

一人ひとりのいのちが、それぞれのいのちとして大切にされること――そこに、真の平和はあります。そして、それを目指すことに、私たちの希望はあります。平和は、誰もが、例外なく素朴に求めるものです。確かに、平和は、恵みとして与えられるものですが、同時にまた、私たちが実現していくべきものでもあります。何もしないでただ待っていても、平和は、やって来ません。

平和は、ただ単に戦争がないといったことでも、あるいはまた、何らかの緊張関係の中で、危ういバランスが保たれている、といったことでもありません。平和には、もっと積極的な意味があります。つまり、平和は、私たちをよりいっそう真の仕合せへと導いてくれるものにほかなりません。

以下において、まず、主に聖書に基づきながら、平和はどのように理解され、またどのように築いていったらいいのか、そのことについて考察します。次に、現在の日本において、平和の実現を妨げる具体的な問題として、集団的自衛権を取り上げたいと思います。

1 平和を築く

真の平和とは、ただ何も起こらないことでも、また、力と力が危うい均衡を保っていることでもありません。また、独裁者が、すべてを支配していることでもありません。そこには、もっと積極的な意味があります。「あなたがたに平和があるように」（ヨハネ20・19、21）――イエスが語るこの「平和」（シャローム）は、日常生活の中で挨拶として交わされる言葉ですが、同時にまた、神がともにおられるということをも意味しています。「恐れなくてもいい。あなたはわたしのもの、わたしはいつもあなたとともにいる」（イザヤ書43・1―2参照）――これは、昔も今も、そしてこれからも、変わることのない神の約束であり、真の平和はここから生まれます。

聖書において語られる平和

神が望む平和は、いったいどのようなものでしょうか。それについて、聖書は、次のように語ります。「主は国々の争いを裁き、多くの民を戒められる。彼らは剣を打ち直して鋤《すき》とし／槍を打ち直して鎌とする。国は国に向かって剣を上げず／もはや戦うことを学ばない」（イザヤ書2・4）。簡潔なイメージです。

詩編は、神の義と平和との関係について、こう語ります。

慈しみとまことは出会い／正義と平和は口づけし

まことは地から萌えいで／正義は天から注がれます。
主は必ず良いものをお与えになり／わたしたちの地は実りをもたらします。
正義は御前を行き／主の進まれる道を備えます。

（詩編85・11―14）

やがて、私たちには、「平和の君」と呼ばれる方が、与えられます。「ひとりのみどりごがわたしたちのために生まれた。……その名は、『……平和の君』と唱えられる」（イザヤ書9・5）。その平和の君は、私たちに、こう語ります。「平和を実現する人々は、幸いである、その人たちは神の子と呼ばれる」（マタイ5・9）。この「平和の君」こそ、イエス・キリストにほかなりません。彼は、私たちに平和を与えることを、約束します。「わたしは、平和をあなたがたに残し、わたしの平和を与える。わたしはこれを、世が与えるように与えるのではない」（ヨハネ14・27）。

平和を築く

このように、真の平和とは、根本的には神から与えられるものです。しかし、同時にまた、私たちが積極的に築いていくものでもあります。この平和の実現のためにこそ、私たちには、自由が与えられています。自由は、しかし、恣意とは対極にあるものです。つまり、それは、平和の実現のためにこそ与えられています。そこには、自由に伴う責任と秩序があり、それを忘れるとき、平和は破壊され、人はいのちを失います。

そのことについて、第二バチカン公会議は、次のように語ります。

平和とは、人間社会の創立者である神によって、社会の中に刻み込まれ、常により完全な正義を求めて人間が実現しなければならない秩序の実りである。事実、人類の共通善は、基本的には永遠の法則によって支配されるが、共通善が具体的に要求する事がらは、時の経過とともに絶えず変動する。平和は永久に獲得されたものではなく、絶えず建設すべきものである。そのうえ人間の意志は弱く、罪によって傷つけられているため、平和獲得のためには各自が絶えず激情を抑え、正当な権力による警戒が必要である。

（『現代世界憲章』、78項）

『キリストにならう』

平和を築くためには、まず、どこから始めればいいのでしょうか。それは、自分自身の中に平和を育むことからです。平和について、『キリストにならう』の著者は、私たちにいいヒントを与えてくれます。

まず、あなた自身のうちに平和を保ちなさい。そうすれば、他人にも平和を分けることができる。平和な人は、偉大な学者よりも他人のためになる。感情的な人は善さえも悪に変え、また悪を信じやすい。ところが、平和を愛する人は、すべてを善に変える。心を平和に保っている人は、誰をも疑わないが、不平を言う怒りっぽい人は、いろいろな疑いに苦しめられる。その人は自分も平和を知らず、また他人の平和をも乱す。またそうした人は、しばしば言ってはならないことを言い、自分のしなければならないことをおろそかにする。彼は他人のすることに気をつかい、自分の務めは怠る。だから、あなたはまず、自分の霊魂について熱心でありなさい。そうすれば自然に、隣人のことにも熱心に注意することができるであろう。

（バルバロ訳、２・３・１）

三つの段取り

平和の実現にあたっては、例えば、次のような三つの段取りが考えられるかもしれません。まず、あるがままの自分自身を受け容れること。次に、自分が出会う人を、そのまま受け容れること。そして、自分のいのちの状態《ありかた》をあるがままに観るということです。そこにおいて、二つのことの確認が求められます。まず、自分のいのちは、他のいのちによって生かされていることです。これを忘れるとき、人は傲慢になります。次に、自分のいのちは、他のいのちを生かしているということです。これを忘れるとき、人は希望を失います。

①あるがままの自分を受け容れる

この世に、完全な人などいません。おそらく、そのような人をイメージすることもできないのではないでしょうか。つまり、どんな人にも、何らかの弱さ・欠点があります。ともすれば、私たちは、そのような自分の弱さ・欠点にコンプレックスを抱き、それを隠そうとして思い悩みます。しかし、そのような弱さ・欠点こそが、実は、人間関係を結ぶにあたって大切なきっかけとなることが少なくありません。

それで、そのために思い上がることのないようにと、わたしの身に一つのとげが与えられました。それは、思い上がらないように、わたしを痛めつけるために、サタンから送られた使いです。この使いについて、離れ去らせてくださるように、わたしは三度主に願いました。すると主は、「わたしの恵みはあなたに十分である。力は弱さの中でこそ十分に発揮されるのだ」と言われました。だから、キリストの力がわたしの内に宿るように、むしろ大いに喜んで自分の弱さを誇りましょう。それゆえ、わたしは弱さ、侮辱、窮乏、迫害、そして行き詰まりの状態にあっても、キリストのために満足しています。なぜなら、わたしは弱いときにこそ強いからです。

（Ⅱコリント12・7―10）

弱さにおいてこそ、強さが現れる――これは逆説的な表現ですが、真実を現していると思います。どこにも完璧な人などいないのです。「人間は、なぜ不完全なのだろう」――この問い掛けの意味するところは、深くて広い。私たちにとって大切なこと――それは、お互いの弱さや欠点を指摘するのではなく、むしろ、それらを赦し合い受け容れあうことにこそあるのではないでしょうか。

自分の生活の基が、より確かなものにあればあるほど、私たちは、平和のうちに生きて行けます。ですから、もし、〝いのちそのもの〟のうちに、生活の基を見出すなら、きっと私たちは、感謝と喜びのうちに生きて行けるのではないでしょうか。

あなたがたは神に選ばれ、聖なる者とされ、愛されているのですから、憐れみの心、慈愛、謙遜、柔和、寛容を身に着けなさい。互いに忍び合い、責めるべきことがあっても、赦し合いなさい。主があなたがたを赦してくださったように、あなたがたも同じようにしなさい。これらすべてに加えて、愛を身に着けなさい。愛は、すべてを完成させるきずなです。

（コロサイ3・12―14）

愛を身にまとうとき、人は、どのような人間になるのでしょうか。「平和を実現する人々は、幸いである、その人たちは神の子と呼ばれる」（マタイ5・9）――と、イエスは、語ります。秩序のあるところ、そこには必ず静けさがあります。この静けさこそ、真の平安であり平和であり、私たちのいのちが整えられる場にほかなりません。

②自分が出会う人をそのまま受け容れる

ともすると、私たちは、人の弱さ・欠点が気になり、それによって心がかき乱され平和から遠ざかることも、少なくありません。誰かと出会うとき、（この人とは、いったいどういう人だろう）と、私たちは思います。そのようなとき、もしその人を真に知りたいと思うなら、その人を認識しようとするのではなく、その人をその人として丸ごと受け容れることです。私たちの判断能力は、自分が思っているほど、確かなものではありません。

人を裁くな。あなたがたも裁かれないようにするためである。あなたがたは、自分の裁く裁きで裁かれ、自分の量る秤で量り与えられる。あなたは、兄弟の目にあるおが屑は見えるのに、なぜ自分の目の中の丸太に気づかないのか。兄弟に向かって、「あなたの目からおが屑を取らせてください」と、どうして言えようか。自分の目に丸太があるではないか。偽善者よ、まず自分の目から丸太を取り除け。そうすれば、はっきり見えるようになって、兄弟の目からおが屑を取り除くことができる。

（マタイ7・1―5）

③自分のいのちの状態《ありかた》をあるがままに観る

生きるために、私たちは、何かを食べなければなりません。それが野菜であっても果物であっても、魚であっても肉であっても、それらはかつて、それぞれのいのちを生きていました。そのようないのちが、私の中で、私のいのちへと変容します。さらには、ただ変容するだけではなく、私のいのちとして一つにまとめられます。

人間は、しかし、ただ単にこのような生物的・動物的レベルにおいて生きているわけではありません。そのようなレベルに基づきながらも、人間は、さらに、精神的、霊的ないのちを生きることへと招かれ、また実際、生きることができます。人間のいのちとは、そのようなものです。その過程の中で、私たちは、さまざまな人に出会います。さらには、人間を超越した存在との出会いも体験します。これらの出会いをとおして、私たちは、いっそう人間らしい人間へと導かれて行きます。これが、人間の経験です。

たとえ明確に意識・認識されていなくても、これが事実です。人と人との関係を媒介してくれるもの——それは、言葉にほかなりません。たとえそれが、言語であっても非言語であっても、言葉なしに対話・交わりを実現することはできません。ですから、良い言葉でも悪い言葉でも、何気なく語った自分の言葉が、たとえ自分ではそれを忘れたとしても、相手に影響を与えます。

イエスの語る平和

マタイによる福音書の5章から7章にかけては、有名な山上の説教が語られます。その冒頭において、福音書のマグナ・カルタとも言われる〝真福八端〟(The Beatitudes) が紹介されます。そこにおいて、真の仕合せは、いったいどういう人に与えられるのか、それが八つの項目にまとめられています。最初と最後に同じ言葉が記されているのは、注目されます——「天の国はその人たちのものである」。「その人たち」とはいったいどういう人たちでしょうか。その一つが「平和を実現する人々」だと言われます。そしてそのような人々はまた、「神の子」と呼ばれます。

神がともにおられる

平和は、確かに、神からの賜物です。しかし、同時にまた、私たちが実現していくべきものでもあります。平和は、ただ単に戦争がないとか、何らかの条約や取り決めによってどうにか束の間の安定が保たれている、といったようなものではありません。つまり、何の波風も立たない状態というよりも、むしろ、絶えずよりよい状態へと向かって、私たちが、積極的に築いていくものです。

平和の原点——それは、私たちの中心に神がおられる、ということにほかなりません。平和（シャローム）——それは、神がともにおられる、ということでした。ですから、私たちが、ミサの中で交わす「主の平和」は、ここから生まれるのです。

> わたしは、平和をあなたがたに残し、わたしの平和を与える。わたしはこれを、世が与えるように与えるのではない。
> （ヨハネ14・27）

一人ひとりの心に平安があること、家庭に団欒があること、そして社会に秩序の静けさがあること。これらすべてがあって初めて、平和は実現します。

平和を望まない人は、いないでしょう。しかし、現実の世の中には、なかなかそれが実現しません。なぜでしょう。それは、神がその実現を願っていないからではなく、私たちが、その実現を怠っているからではないでしょうか。例えば、それは、次のようなことの中に見ることができるでしょう。人が人を無視する、人が人をうらやむ、人が人を憎む、人が人を中傷する、人が人をだます、人が人を傷つける……、などです。たとえ殺すところまではいかなくても、これらはみな、平和の実現を妨げるものにほかなりません。

神は、世の中に起こる悲惨な出来事を、ただ傍観している（神の沈黙）わけではありません。むしろ、神は、私たち以上に心を痛めているはずです。「忍耐と慰めの源である神」(ローマ15・5)――神の忍耐は、底抜けです。この忍耐にこそ、神の愛は現れています。そのことに、私たちがなかなか気づかないために、神は独り子をこの世に遣わされました。「神は、その独り子をお与えになったほどに、世を愛された」(ヨハネ3・16)。神が愛された世とは、あらゆる人間の醜さが満ちあふれる、この世です。

はるか昔、この独り子の誕生が預言され、それは、一日千秋の思いで待ち続けられました。「ひとりのみどりごがわたしたちのために生まれた。……その名は、『……平和の君』と唱えられる」(イザヤ書9・5)。

2　集団的自衛権

現在、この国は、いったいどのような状態にあるのでしょうか。戦後、約七十年間、日本はこれまで、まがりなりにも平和な社会を築いてきました。それは、日本国憲法、とりわけその第九条に負うところが大きいのは、事実です。この憲法は、しかし、ただ単に日本のためだけに作成されたものではありません。むしろそれは、世界に対する、とりわけ近隣諸国に対する、日本がかつて犯した過ちへの謝罪であり、その表明です。

今、この国を覆っている空気と流れ――それは、私たちの生活を、いっそう平和から切り離していくものではないでしょうか。例えば、集団的自衛権の行使にしても、特定秘密保護法にしても、どうしてそれらが、この国を平和な状態へと導いてくれると言えるのでしょうか。
ここでは、具体的問題として集団的自衛権を取り上げて、平和についてさらに考察を進めたいと思います。

集団的自衛権とは

集団的自衛権について、『東京新聞』は、以下のように述べています。

〈集団的自衛権とは〉密接な関係にある同盟国などが武力攻撃を受けた場合、自国が直接攻撃されていなくても自らへの攻撃とみなして実力で阻止する権利。一九四五年に発効した国連憲章51条は自国への侵害を排除する個別的自衛権とともに主権国固有の権利として認めている。日本政府は一九八一年の答弁書で集団的自衛権の行使は戦争の放棄を掲げた憲法九条の下で認められる「必要最小限度の自衛権行使」の範囲を超えると解釈し、歴代内閣が継承してきた。

（『東京新聞』二〇一四年七月一日朝刊）

一九八一年に政府が示した、集団的自衛権の定義について、半田滋は、以下のように紹介しています。

「国際法上、国家は、集団的自衛権、すなわち、自国と密接な関係にある外国に対する武力攻撃を、自国が直接攻撃されていないにもかかわらず、実力をもって阻止する権利を有しているものとされている。我が国が、国際法上、このような集団的自衛権を有していることは、主権国家である以上、当然であるが、憲法第九条の下において許容されている自衛権の行使は、我が国を防衛するため必要最小限度の範囲にとどまるべきものであると解しており、集団的自衛権を行使することは、その範囲を超えるものであって、憲法上許されないと考えている」（一九八一年五月二十九日、稲葉誠一衆院議員への答弁書）。

（半田滋『日本は戦争をするのか——集団的自衛権と自衛隊』岩波書店、二〇一四年、124頁）

根本的問題

根本的問題として、まず指摘できるのは、平和主義からの離反です（以下の考察は、主に、集団的自衛権問題研究会「集団的自衛権——事実と論点（上）」『世界』7月号、岩波書店、二〇一四年に負う）。次いで、憲法解釈の変更による集団的自衛権の行使容認です。これは、明らかに、立憲主義への挑戦であり、専守防衛を旨とする基本政策を反故にするものです。また、米国主導の戦争への日本の参加を促すものであり、戦争放棄の否定にほかなりません。

国民世論

いったい、国民は、この問題についてどのように考えているのでしょうか。また、新聞は、どのようにこの問題について報道しているのでしょうか。全国紙を見るならば、朝日・毎日対読売・産経といった構図を見ることができます。一見、この構図は、互いの意見は互角で、拮抗しているかのような印象を与えます。しかし、さらに地方紙にまで目を向けるならば、驚くべき結果に気づかされます。なぜなら、集団的自衛権の行使容認にあたって、反対三九紙、賛成三紙となっているからです（『東京新聞』七月八日朝刊）。

また、行使容認の閣議決定（二〇一四年七月一日）に先立って、全国一九〇の地方議会においても、反対意見あるいは慎重な議論の要求がなされていました（『東京新聞』六月二十九日朝刊）。

閣議決定による憲法解釈変更

閣議決定による憲法解釈変更――そもそも、これは、明らかに憲法違反です。憲法第九九条には、次のように記されています。「天皇又は摂政及び国務大臣、国会議員、裁判官その他の公務員は、この憲法を尊重し擁護する義務を負ふ」。そのことについて、伊藤真は、次のようにコメントしています。

九九条には、国民に対して「憲法を守れ」とは書いてありません。憲法を守る義務を負うのは、権力を行使する側にある公務員です。憲法と法律の役割はまったく違います。国が作って国民の自由を制限、拘束して社会を維持していく役割をするのが法律であるのに対して、国民である私たちが国家権力を縛る役割を負うのが憲法です。つまり、国家権力を制限して、国民が自分たちの人権を守るための法――それが憲法なのです。

（伊藤真『日本国憲法』角川書店、二〇一三年、71－72頁）

自衛隊の国防軍化

自衛隊の歩みを見てみましょう（以下の考察も、「集団的自衛権――事実と論点（上）」に負う）。自衛隊は、一九五四年七月一日に創設されました。そのまさに六十年後の二〇一四年七月一日、閣議決定によって集団的自衛権の行使が容認されました。前もってこの日を狙っていたかのような運びです。この流れは、自衛隊の国防軍化に向かうものではないでしょうか。

本来なら、憲法改正手続き→国民投票→国民にその覚悟を問う、といった正当な手順を踏むべきであるにもかかわらず、それを無視しています。

翌日、自衛隊から多くの高校生に、自衛隊入隊勧誘の郵便が届いたことが、大きなニュースとなりました。これはいったい何を意味するのでしょうか。現在、自衛官は減少していると伝えられます。自衛隊は、毎年一万数千人の若い新隊員を採用するそうです。自衛官募集の対象となるのは、十八～二十六歳の若者ですが、ご存知のように、少子化が進んでいます。かつては、約千七百万人（一九九四年）もいたのに、その後、約千百万人（二〇一二年）へと、四〇パーセントも減少しています。

今後も減少が続くならば、どういうことが予測されるでしょうか。その一つは、徴兵制の導入かもしれません。しかし、はたして、いったいどれくらいの若者がそれに手を挙げるでしょうか。もちろん、強制となれば、個人の意見など一顧だにされないでしょうが。

そもそも自衛隊志願者の志願理由は、どのようなものなのでしょうか。任期制自衛官の場合、「自分の能力や適性が生かせる」「他に適当な就職がない」「将来の人生設計に有利」などが多く、「国の平和に貢献したい」と答える者は、決して多くはないそうです。また、非任期制自衛官の場合、「国家公務員で安定している」「技術の習得ができる」「心身の鍛錬ができる」などがあるそうです。また、近年では、「災害派遣で貢献したい」という理由も増えていると聞きます。

米国との関係

集団的自衛権の行使にあたっては、米国の力が働いているのは事実です。その行使を求める人々は、「ジャパン・ハンドラー」と呼ばれるようです。そのことについて、半田滋は、以下のように伝えています。

> 「ジャパン・ハンドラー」と呼ばれる、日本を従わせることでメシを食っている人々のうち、アーミテージ元国務副長官は二〇〇〇年十月の「アーミテージ・レポート」の中で「日本が集団的自衛権行使を禁止していることが、米英関係のような正常な同盟関係の障害になっている」とし、二〇〇七年二月、二〇一二年八月の第二次、第三次レポートでも集団的自衛権行使を解禁するよう主張した。
>
> (『日本は戦争をするのか』、128頁)

行使容認に積極的な人は、当然、米国が攻撃されているときに日本の対応が不十分ならば、同盟国としての信頼に傷がつく、と考えるでしょう。しかし、同盟の対等性を語るのなら、むしろ、沖縄の基地負担を抜本的に減らし、米軍基地に関わる地位協定を見直すための議論こそが検討されなければならないでしょう。

平和国家としての国際的地位

憲法改正ができないならば、解釈を変更しよう――これは、あまりにも姑息な方法です。これまで受け継がれてきた憲法解釈を反故にするばかりか、戦後の歴史認識そのものが問われることになります。

安倍首相の歴史認識は、どのようなものでしょうか。それは、国民的反対を押し切ってでも安保改定（一九六〇年）を進めたことが、結果的に日本を平和にした、というものです。このあまりにも単純化された歴史認識は、平和を求める世論の強さ、沖縄をはじめとする基地の苦しみ、ベトナム戦争やイラク戦争に加担した現実、被爆国でありながら核兵器廃絶の先頭に立てない自己矛盾、といった諸問題を切り捨てることになります。

また、いまだに七十年前の戦争の歴史を清算できていないまま、冷戦的な国家の分断を抱えた北東アジアにおいて、地域的安全保障協力の枠組みさえ作ることができていません。

おわりに

一人ひとりのいのちが、それぞれのいのちとして大切にされること——そこに、真の平和はあります。そして、それを目指すことに、私たちの希望はあります。この平和は、いのちそのものからの、私たちへの招きです。その意味で、平和は恵みです。しかし同時にまた、私たちが、築いていかなければならないものでもあります。その意味で、平和の実現は、すべての人にとっての課題でもあります。一人ひとりの心に平安があること、家庭に団欒があること、そして社会に秩序の静けさがあること。——これが、平和を実現するための段取りです。その営みによって、私たちは、真の仕合せへと導かれます。

【資料】

日本国憲法

前文

日本国民は、正当に選挙された国会における代表者を通じて行動し、われらとわれらの子孫のために、諸国民との協和による成果と、わが国全土にわたつて自由のもたらす恵沢を確保し、政府の行為によつて再び戦争の惨禍が起ることのないやうにすることを決意し、ここに主権が国民に存することを宣言し、この憲法を確定する。そもそも国政は、国民の厳粛な信託によるものであつて、その権威は国民に由来し、その権力は国民の代表者がこれを行使し、その福利は国民がこれを享受する。これは人類普遍の原理であり、この憲法は、かかる原理に基くものである。われらは、これに反する一切の憲法、法令及び詔勅を排除する。

日本国民は、恒久の平和を念願し、人間相互の関係を支配する崇高な理想を深く自覚するのであつて、平和を愛する諸国民の公正と信義に信頼して、われらの安全と生存を保持しようと決意した。われらは、平和を維持し、専制と隷従、圧迫と偏狭を地上から永遠に除去しようと努めてゐる国際社会において、名誉ある地位を占めたいと思ふ。われらは、全世界の国民が、ひとしく恐怖と欠乏から免かれ、平和のうちに生存する権利を有することを確認する。

われらは、いづれの国家も、自国のことのみに専念して他国を無視してはならないのであつて、政治道徳の法則は、普遍的なものであり、この法則に従ふことは、自国の主権を維持し、他国と対等関係に立たうとする各国の責務であると信ずる。

日本国民は、国家の名誉にかけ、全力をあげてこの崇高な理想と目的を達成することを誓ふ。

第九条

日本国民は、正義と秩序を基調とする国際平和を誠実に希求し、国権の発動たる戦争と、武力による威嚇又は武力の行使は、国際紛争を解決する手段としては、永久にこれを放棄する。

② 前項の目的を達するため、陸海空軍その他の戦力は、これを保持しない。国の交戦権は、これを認めない。

第Ⅱ部　聖書からの照らし

絶望という希望——ヨブの場合

月本　昭男

はじめに

本年度の夏期神学講習会には「望」という共通テーマが掲げられました。私は旧約聖書研究に携わる者の一人として、ヨブ記を題材としてお話しさせていただくことにいたしました。

ヨブ記につきましては、じつは、日本でも多くの方々が取り組んできました。日本のよく知られたキリスト教思想家内村鑑三は、生涯、三回にわたって「ヨブ記」と取り組みました。三回目の「ヨブ記講義」は一九二〇年一月からほぼ一年間をかけて行われました。その記録がごく最近、岩波文庫の一冊として刊行されましたから、ご存じの方もいらっしゃると存じます。これは内村らしい力強い講演であり、内村らしいヨブ記理解が示されています。

旧約聖書研究者では、戦後第一世代に属する浅野順一、関根正雄、中沢洽樹《こうき》といった先生方がヨブ記研究を公にされました。最近では、並木浩一先生が『「ヨブ記」論集成』（教文館、二〇〇三年）、『ヨブ記の全体像』（日本キリスト教団出版局、二〇一三年）といった、「ヨブ記」に関わる論文を集めた著書を相次いで刊行されました。そうした先生方の驥尾に付して、とはまいりませんけれど、本年度夏期神学講習会の共通テーマである「望」との関連で、「絶望」と「希望」という観点からあらためてヨブ記を読んでみたいと考えました。

1　ヨブ記の構成

「ヨブ記」は、ご存じのように、1―2章の「序」と42章7節から最後までの「結び」が散文で記され、それらに挟まれるようにして、ヨブと友人たち、さらには神との「対論」が韻文で配置されています。その「対論」が長大であり、読む者を苦しめるのですが、それを省略して、「序」と「結び」だけから次のような物語を再構成することも可能です。

かつて、ヨブという敬虔で義人、非の打ちどころのない人物がいた。彼は子供にも財産にも恵まれていた。

天上では、神がサタンにこのヨブのことを自慢してみせた。するとサタンは、人は恵まれていればこそ神をおそれるのであって、家族や財産を失えば神を呪いますぞ、と言って神を挑発した。こうして、地上では次々と災厄がヨブを見舞い、家畜が奪われ、子供たちの命がそこなわれた。だが、ヨブは「私は裸で母の胎を出た、裸でかしこに帰ろう。主が与え、主が取り去られた。主の名はほめたたえられよ」（1・21。以下、適宜、私訳を用います）と語って、動じなかった。

天上では、神はふたたびサタンにヨブのことを自慢した。するとサタンは、人は健康であればこそ神をおそれるのであって、肉体がそこなわれれば神を呪いますぞ、と神を挑発した。こうして、地上でヨブはひどい腫れ物に見舞われた。妻はそれをみて、神からこのような仕打ちを受けるくらいなら、神を呪って死んでおしまい、といった。だが、それでもヨブは「われらは神から幸福をいただいたのに、災いは受け取らない、とでもいうのかね」（2・10）と語って、動じなかった。

こうして、試練に耐え抜いたヨブは、最後に、財産をそれまでの二倍に増し加えられ、子供たちも以前と同じ数だけ与えられて、天寿を全うした。

私が旧約聖書を学び始めたころ、ヨブにまつわるこのような民間伝承があったと想定されておりました。エゼキエル書14章には、ノア、ダニエル、ヨブの三人が「義人」の代表として登場しますが、その場合、このような民間伝承がふまえられていた、というのです。ヨブ記の作者は、そのような民間伝承をヨブの試練とヨブの回復とに切り分け、その間にヨブと三名の友人たちとの間の論争を配置し、さらには神の発言をそこに加えて、ヨブ記という作品を仕上げた、と考えられておりました。エリフの長広舌（32―37章）は、神の冒瀆にもなりかねないヨブの発言を緩和する目的で挿入された二次的付加とみなされました。

今日では、しかし、総じて「ヨブ記」全体を文学的に統一ある作品として解釈しようとする傾向が強まっています。だからといって、ヨブ記をめぐる様々な問題が解決されたというわけではありません。全体構成という点では、ヨブと三人の友人の対論が三回繰り返されますが、三回目にはなぜかツォファルとヨブの対論が省略されました。また、28章の「知恵の讃歌」は、文脈上、どのような意味をもつのか、二回にわたる神の弁論は「ヨブへの答え」になっているのかどうか、等々の問題にいまだ定説はないといってよいでしょう。

今回は、しかし、そうした問題に立ち入ることはしません。むしろ、「希望」という観点から「ヨブ記」を読み直してみたいと思います。

2 ヨブ記の主題

「ヨブ記」の主題を厳密に見定めることは容易ではありませんが、人間の苦難が主題化されていることに異論をさしはさむ人は少ないでしょう。

ところで、人間の苦を見据え、これを深く探究した宗教は仏教です。私たちが日常的に用いる四苦八苦も、元来、仏教用語です。仏教では、生きること、老いること、病むこと、死ぬこと、すなわち生・老・病・死をまとめて四苦と呼びます。これに、愛する人との別離（愛別離苦）、嫌いな人との出会い（怨憎会苦《おんぞうえく》）、求めるものが得られないこと（求不得苦《ぐふとく》）、すべては苦に満ちていること（五蘊盛苦《ごうんじょうく》）の四つの苦を加えると八苦です。

要するに、世界は苦しみに満ちている。そして、世界が苦に満ちているのは、第一に、世界が恒常普遍の実体ではなく、無常だからであり、第二に、その無常の世界に我々が執着するからである。仏教ではそのように考えるのです。そして、徹底して世界の無常性を見つめると同時に、無常の世界に執着する人間の心のあり方を探究して、苦に満ちた世界から解脱する様々な方法を確立させてゆきました。苦の探究において、仏教は他の宗教に追随をゆるさないのではないか、とさえ思われます。

旧約聖書もまた、人生は苦難に満ちている、と語ります。たとえば、詩編90編の作者は「われらの歳月は七十年、健やかであって八十年、そのほとんどは労苦と災い」(10節)と詠いました。晩年のヤコブは「生きた年月はわずかで、苦難に満ちていた」という感懐を残しています(創世記47・9)。「なぜ、私は胎を出て、労苦と悲嘆を味わわなければならないのか」と嘆いたのは預言者エレミヤでした(エレミヤ書20・18)。人生を儚い草の花にたとえる箇所も少なくありません(ヨブ記14・1―2、詩編102・12、103・15―16他)。

旧約聖書の人々は、しかし、生きる苦しみの原因を見きわめ、そこから解脱する方法を探るという方向を採りませんでした。苦の原因を探るのではなく、苦しむ理由を問い、苦難の意味を訊ねたのです。そして、彼らが導き出した模範解答は、人間の罪に対する神の処罰としての苦難というものでした。人生における苦難は当人の罪に対する神からの処罰であり、逆に、幸福な人生は正しく生きる人に与えられる神の祝福とみなされました。それが律法と結びつきますと、イスラエル的な因果応報論が成立します。神に信頼して悪に染まらず、律法を守って正しく生きる者には祝福が与えられる。逆に、律法を遵守しない者は滅びにいたる、という人生観です。

そうした因果応報思想が旧約聖書の人生観として確立してゆくのは、バビロニア捕囚から帰還後のことと思われます。箴言10―13章には、そうした人生観に立ち、正しく生きる者の幸福と悪人がこうむる災いとが対照的にまとめられています。詩編に収録された教訓詩(1、37編他)もたいていこのような因果応報論的人生観に隈取られます。

因果応報論は文化や宗教によって様々な表現をとりますが、総じてそれは、行為の善・悪と人生の幸・不幸を因果論的に相関させる一種の幸福論であるといえましょう。それが、ひろく、勧善懲悪や信賞必罰といった人類の倫理観を育んできたことは疑いありません。悪を放置すれば、社会の秩序は成り立たないでしょう。まじめな努力が報われることを願わない人はいません。しかし、その一方で、因果応報論的人生観が人間の苦難を説明する原理として固定化されますと、悪人が栄え、善人が苦しむ社会の歪みや矛盾は等閑視されてしまいます。ゆえなき苦難にあえぐ人々は罪人として断罪され、人生の不条理は安易に合理化されてしまいます。しかし、私たちの周囲には、自業自得などと決めつけられない苦難のほうがじつは多いのではありませんか。旧約聖書において、因果応報論的人生観のもつ、そうした問題を見据えた代表的作品がヨブ記とコーヘレト書でした。

3　ヨブの友人たち

ヨブ記において、ヨブの三人の友人たちは因果応報論的人生観に立っていました。友人たちの代表格として登場するエリファズの最初の発言がすでにそのことを示しています。

さあ、想い起こしてもみよ、
無実の者で、誰が滅び失せたか。

どこで正しい人が消え失せたか。
私が見たところでは、
害悪を耕し、災禍を蒔く者が
それを収穫することになる。
彼らは神の息吹により滅び失せ、
その怒りの息により絶え果てる。
（ヨブ記4・7―9）

以後、友人たちは基本的にこのような立場を様々に繰り返してゆきます。ヨブがかくもひどい苦難に襲われたからには、その原因として何らかの罪があったはずだ、と考えたのです。友人たちはヨブに、災いは神からの懲らしめとして甘受せよ、と勧め（5・17）、ヨブの子らの罪を指摘し（8・4）、次第に露骨な言葉でヨブを責めたててゆくのです（11・14他）。そして、そもそも完全な人間はいないのだから、罪を悔い改めて、神に立ち帰れ、と忠告します（22・23他）。ヨブが身の潔白を主張すれば、そうした主張自体が「あなたを罪に定めている」（15・6）と断じます。

それに応じるヨブの発言は、ある意味では支離滅裂です。友人に向かって語るかと思えば、神に向かって訴えます。自分自身に言い聞かせようとする発言もあります。落ち度のない義人が、物笑いとされ、略奪者たちが平穏に生きている現実があるではないか、とヨブは友人たちに反論し（12・4―6、21・7他）、神は落ち度なき者も邪悪な者も滅ぼされ、無実の者たちの破滅をあざ笑われる、と断言します（9・22―23）。しかし、他方で、自分は無実であるがゆえに、このような仕打ちは不当きわまりない、と神を訴えます（9・28―31、10・6―7他）。完全無欠とはいわないまでも、このような仕打ちを受けるほどの罪は断じて犯していない（13・20―28）。ところが、神は僅かな罪でさえ赦さず（7・21）、「私」を痛めつける。それゆえ、神の前にまかり出て、そのことを神と論じてみたい、といいます（9・32―35他）。だが、神は沈黙を決め込み、姿を見せてはくれない（23・2―9）。そこにヨブの深い絶望がありました。

ここにおいて、ヨブと友人たちの立場の違いは明らかです。友人たちは因果応報の論理をもってヨブの苦難を説明し、悔い改めて神に立ち帰り、神に回復していただくように、とヨブに勧めました（4・17―21、22・21―30）。そこには、試練としての苦難という理解も顔を覗かせます（5・17）。32章に突如として登場し、長広舌をふるうエリフの主張も、基本的に、三人の友人たちのそれと変わりません。それに対して、ゆえなき苦難の当事者であるヨブにとって、そうした勧告は受け入れがたくありました。ヨブが友人たちに求めたことは、彼の側に立ち、不当な仕打ちを課す神をともに訴えることであって、苦難を説明してもらうことではなかったのです。ところが、友人たちは義人を祝福し、悪人を罰する応報の神の側に立ち続けました。それに対して、ヨブは神と格闘したのです。そこからヨブの激しい発言が発せられます。友人たちの耳にそれは神への冒瀆と聞こえました（15・2―6他）。

神との格闘、そこにヨブの信仰の凄まじさがあります。嘆きの詩編にも神との格闘を見ることができます。詩人たちは絶望の淵から「わが神、わが神、なぜ私を見棄てられたのですか」（詩編22・2）と叫ぶのです。

エリ・ヴィーゼルという作家をご存じでしょうか。ナチス時代の強制収容所を生き抜いた作家です。初期の作品に『夜』『夜明け』『昼』という三部作があります。そのなかに、作家の分身でもある主人公が「神よ、あなたは存在しないではないか」と、ほかならぬ神に向かって叫ぶ場面があります。私は学生時代、これを読んだときの衝撃をいまでも忘れません。存在しないはずの神に向かって「神よ、あなたは」と呼びかける。そのことが私の心を強く打ったのです。沈黙する神に向かって執拗に嘆き訴えるヨブの姿がそこにあると感じさせられました。神学者K・バルトは、ゲーテの『タッソー』という作品の一節を引いて、ヨブの姿を「舟人はなおも遂には、彼がそれで難破するはずであったその岩にしがみついた」（『ヨブ』西山健路訳、新教出版社、一九六九年）と表現していますが、ヨブの格闘は姿を現さず、沈黙する神との絶望的な格闘でした。

4　ヨブの絶望

ここで、ヨブの絶望を本文に即してみてゆきたいと思います。ヘブライ語には「待ち望む」と訳せる動詞が三種類あります。キッワー、イッヘール、ヒッカーです。「希望」と訳される名詞はキッワーから派生したティクワーです。じつは、「ヨブ記」にはこうした単語が数多く用いられています。[1]ティクワーは、旧約聖書中に三十二回の用例が見られますが、そのうち十三回が「ヨブ記」に集中しています。ヘブライ語には「絶望」を意味する単語自体はごく僅かです。むしろ、「待ち望む」といった単語に否定辞を付して用いることのほうが多いと思います。

こうした単語が用いられる箇所を括ってゆきますと、望みを絶たれたヨブの姿が浮かんできます。さらには、ヨブに希望がありえたのかどうか、ということもみえてくるかもしれません。

まず、3章のヨブの独白といわれる箇所からみてゆきましょう。苦難のなかで「私は裸で母の胎を出た、裸でかしこに帰ろう」（1・21）といい、「われらは神から幸福をいただいたのに、災いは受け取らない、とでもいうのかね」（2・10）と妻に語っていたヨブでしたが、突然、自分の生まれた日を呪うのです。さらに、自分は生まれなかったらよかったのに、と嘆きはじめます。なぜ、流産の子にならなかったのか、生まれてすぐに死ななかったのか、ともつぶやきます。そして、20―21節では「苦悩する者たち、魂を病む者たち」は「死を望み見るが、死はやって来ない」と嘆くのです。

このような嘆きから、旧約聖書には珍しく、ヨブはここで死の世界に憧れている、という解釈があります。しかし、そうではありません。たとえば3章4節に「その日は闇となれ」とあります。神は天地創造の最初に「光あれ」といわれた、と伝えられますが（創世記1・3）、「闇となれ」とはその「光あれ」を逆転させた言い方です。この発言は、ヨブのなかで創造世界の秩序が瓦解してしまったことを表しています。旧約聖書の創造物語によれば、「死者の世界」は神による創造の秩序に属さない領域です。ヨブがそれを持ち出すのは、それまで信じ、前提にしていた秩序世界が壊れてしまったからです。秩序世界が崩れ去っていなければ、たといその最底辺にあったとしても、人は希望を見出せます。しかし、己のなかで秩序世界ががらがらと崩壊してしまったら、人はどこに希望を見出しうるでしょうか。ヨブの深い絶望がここにありました。17章11―16節などでも、ヨブは同様の嘆きを繰り返しています。

これらのヨブの嘆きを読むとき、私は、四十年以上も前、若い精神科医に見せてもらったスライドを想い起こすことがあります。彼は「統合失調症」に苦しんだ女の子の症状をその子が残した絵をもって説明してくれました。その女の子は小学一年生のころから、王子様やお姫様などの絵を、筋書きまで添えて上手に描いていました。ところが、三年生になると、次第に、そうした人物の髪が風に流れ、目がきつく描かれるようになります。さらに、周囲の建物の窓や木の葉なども人間の目のように描かれるようになる。そして、人間の姿が絵から消えてゆきます。女の子は四年生で発病するのですが、その直前に描かれた絵には、人間の姿はまったくありません。その代わりに墓が描かれます。しかも、墓石が裂け、それが天につながっているような凄まじい絵です。それらは直線による幾何学文様を重ねた、驚くほど細密な絵でした。そして、女の子は入院させられました。当時、統合失調症の患者は電気ショックなどで眠らされたのです。半年ほど経って、少女は退院しますが、そのとき描いた絵は、太陽のもとで家の前に花が咲いているといった、ごく平凡な作品に変わっていました。

スライドで見せてもらったこれらの絵は、幸せであった女の子の世界が次第に壊れてゆく様を如実に示していました。自分のなかで秩序世界が壊れてゆくときに、死の世界が立ちあらわれてくることをも教えてくれました。ヨブの場合もまた、ゆえなき苦難のなかで自らの秩序世界が壊れていった。だからこそ、ヨブは死の世界に固執した。そう考えますと、38章以下に語られる神の発言が、この世界の創造の秩序をヨブに指し示すことに終始する理由もよく理解されるのではないかと思うのです。

要するに、ゆえなき苦難のなかで、彼の内なる世界の秩序が崩壊してしまったこと、そこにヨブの深い絶望がありました。じじつ、ヨブ自身が、自分には「希望」が失われてしまっている、と嘆いています（7・6）。それに先立って、ヨブは神に「ああ、どうかわが願いがかなうように、神がわが希望を許してくださるように」と訴えますが、その「希望」とは神に打ち砕かれること、つまり、この世界から消え去ることでありました（6・8―9）。さらに、「木には希望があっても、人間にはない」と語り（14・7以下）、むしろ自分は「死を希望とする」と述べ（同14節）、「希望は絶たれた」と訴え（同19節）、「私の希望はどこにあるのか」と繰り返すのです（17・15、19・10、27・8）。29章から31章まで続くヨブの発言は、三人の友人たちが引き下がってからのものですが、この独白においても、ヨブは「幸いを待ち望んだのに、災いが訪れた、光を待望したのに、闇が訪れた」と語っています（30・26）。

それに対して、友人たちは「希望」という単語をどのように用いているでしょうか。まず、エリファズが「君は災いに見舞われ、おびえているが、君の希望は完全な道ではなかったのか」とヨブをたしなめます（4・5―6）。神はすがる者を救われるのであるから、「弱者にも希望があるのだ」と諭します（5・16、11・18）。しかし、神を忘れる者や邪悪な者に希望はない、と他の二人も断言します（8・13、11・20）。友人たちの発言は確かに正論です。しかし、こうした正論はヨブを苦しめこそすれ、ヨブに希望を抱かせることはありませんでした。

5　友人への失望

「ヨブ記」の主要部分であるヨブと三人の友人たちの対論を読み進めてゆきますと、じつは、ヨブが友人に期待をかけながら、期待が失望に終わってしまったことに気づかされます。そもそも、友人たちはヨブを「慰める」ためにやって来たのですけれど、ヨブの激しい嘆きを聞くと、彼らはヨブの悲嘆や煩悶を共有することができずに、ヨブを論難しはじめるのです。ヨブと友人たちとの間の友情の破綻は、ヨブ記の隠れた主題のひとつである、と私には思われます。ヨブは友人に失望し、その失望をあらわな言葉で表明してゆきます（6・14―30、13・4―12他）。

では、なぜ友人たちはヨブへの友情を守り切れなかったのか。それは、友の苦しみを自分たちの苦しみとして受け止められず、信仰の論理のほうをより重視したからでしょう。彼らは神の側に立っているつもりでいたのです（13・7―8）。そのような彼らにヨブは訴えます。

私の方を向いてくれ、……思い直してくれ。（6・28―29）
私を憐れんでくれ、私を憐れんでくれ、君たち、わが友よ。（19・21）

こうしたヨブの訴えには哀切な響きさえ感じられましょう。しかし、ヨブが最終的に見出した兄弟はジャッカルであり、友は駝鳥であった、と作者はヨブに語らせています（30・29）。友人たちのはじめの沈黙に暗示されたヨブへの共感は、論争の過程で後退し、最後には無感動の沈黙となって終わります。ところが、物語は、最後に、このように破綻したはずの友情の回復を語ります。ヨブのとりなしの祈りが三人の友人に向けられた神の怒りを止《とど》めるのです（42・10）。

ヨブと友人たちの間の友情の破綻は、ヨブのなかに、別の希求を呼び覚ますことになります。それは、神とヨブとの間に立ち、ヨブの側に立ってヨブを弁護してくれる存在でした。ヨブは「裁定者」（新共同訳「仲裁する者」）がいてくれないものか、と語ります（9・33）。このような存在を「天の証人」また「わが友」とも呼んでいます（16・19―21）。こうした表現をもってヨブは、天上にあって沈黙を決め込む神の前でヨブを弁護してくれる存在を必死の思いで思い描いたのです。こうした存在をヨブは「わが贖い主」と言い換えています（19・25）。

この「贖い主」の希求に「ヨブ記」の頂点を見て取り、そこに新約聖書のイエス・キリストの姿を展望したのは、内村鑑三でした。この「贖い主」が「ついには塵の上に立たれるであろう」という場合、それが地上でのことなのか、それとも死後のことなのか、といった議論がなされてきましたが、内村はこれを死からの解放と理解したのです。並木浩一氏はこれを「実現不可能な希望」とみています。確かなことは、友人たちへの深い失望がヨブにこのような天的存在を希求させたということでしょうか。ヨブ記の文脈でみる限り、並木浩一氏がみるように、ここにヨブの積極的な希望が表明されているとはいいがたいように思われます。

6　絶望という希望

講義の題を私は「絶望という希望」といたしました。ヨブは深い絶望のなかで必ずしも希望の光、一条の光を見出してはいない、という理解に立ってのことでした。具体的には、13章15節前半を想い浮かべたのです。

彼われを殺すとも我は彼に依頼《よりたの》まん。（文語訳）
見よ、彼はわたしを殺すであろう。わたしは絶望だ。（口語訳）
たとえ彼がわたしを殺すともわたしは彼を待つ。（関根正雄訳）
たとえ神がわたしを殺しても、わたしは神に信頼する。（フランシスコ会訳）
そうだ、神はわたしを殺されるかもしれない。ただ、待ってはいられない。（新共同訳）
彼が私を殺すであろうゆえ、私は待っていられない。（並木浩一訳）

このように、15節前半の後の部分は訳によって大きく二種類に分かれます。「彼（＝神）に信頼する」という訳と「絶望だ／待ってはいられない」という訳です。ヘブライ語聖書をみますと、この部分は「私は待ち望むことはできない」という意味で、ロー・アヤヘールと記されています。ところが、ヘブライ語聖書を伝えたマソラの学者たちは、聖書本文の欄外に、発音は同じですが、綴り字を変えて、否定辞のローを「彼に」を意味するローと読め、と注記をしました。この箇所において、欄外の注記に従った訳が文語訳、関根正雄訳、フランシスコ会訳です。元来の本文は否定辞のローでなく、「彼に」を意味するローであったはずだ、と理解したのです。それに対して、本文にある否定辞のローを元来の本文とみれば、口語訳、新共同訳、並木浩一訳のようになります。

私はこの点について、三十年ほど前に、注目すべき文章に巡り合いました。それはアンドレ・ネエルというユダヤ人思想家による『言葉の捕囚』（西村俊昭訳、創文社、一九八四年）です。「沈黙」という観点からヘブライ語聖書とアウシュヴィッツの悲劇を論じた著書でした。この著書については、現在のイスラエルによるパレスティナ人の抑圧を正当化する面がある、と批判されることもありますが、いまはその点には触れません（原田雅樹「聖なる記憶と死者の記憶の政治的濫用」『カトリック研究』79号、二〇一〇年）。ここで紹介したいのは、著者によるヨブ記13章15節の解釈です。

キリスト教を背景とする旧約聖書研究者たちは、この部分のロー・アヤヘールのローが、マソラ本文にある否定のローなのか、それとも、欄外注にあるような「彼に」を意味するローであったのか、と問いました。それに対して、ネエルは次のように理解します。すなわち、マソラの学者たちが否定辞ローを「彼に」を意味するローに読め、という指示を欄外で与えたのは、それが元来の本文であった、と考えたからではない。マソラの学者たちは、「もはや私は待ち望むことはできない」という絶望表現のなかに、「彼を」すなわち「神を」待ち望もうとする希望の兆しを見て取った。ネエルはそう解釈してみせました。絶望か希望か、といったあれかこれかではない。絶望そのもののなかに希望を見たのだ、というのです。

絶望のなかに希望を見るということは、通常、私たちにはできません。また、絶望が自然に希望へと変化することもないでしょう。しかし、「ヨブ記」はゆえなき苦難のなかで、神が沈黙するなかで、友人たちに責めたてられるなかで、もがきながら、絶望のどん底に立ち尽くすヨブを描き出しました。そして、このようなヨブに、最後には、嵐のなかから神の声が響き渡ったのです。迫りくる迫害の手を逃れてホレブに向かったエリヤには、嵐のなかからではなく、嵐の去った後、神からの沈黙の声が響いたといわれますが、ヨブの場合は、嵐のなかに神の声を聞きました。

その神の声は、ヨブのなかでは秩序世界が崩れ去ったようにみえても、神が創造した世界の秩序は厳然としていることを教えるものでした。そしてヨブは、創造の秩序を支える神によって彼自身も支えられているということに気づかされたのでした。

おわりに

私たちは、もちろん、ヨブのような苦難のなかにあるわけではありません。エリヤのような迫害を受けているわけでもありません。ごく日常的な生活に追われている、というのが実情でありましょう。しかし、究極的に私の人生を支えているものはいったい何かとあらためて問うてみます。経済的保障か、家族関係か。社会的地位か、過去の栄光か。これらがそれぞれに人生の支えになっていることはまちがいありません。しかし、それらが人生の究極的な支えたりうるか、と問われれば、どうでしょう。あるいは、確たる信仰が人生の確かな杖でしょうか。それに対して、ヨブ記の「序」でサタンが神を挑発したように、「見返りを求めない信仰などほんとうにありうるのか」と問われたら、どうでしょう。自分のためでなく、神のために神を信じる、などと自信をもって答えうるでしょうか。私たちの信仰さえも、じつは、心許ないものではありませんか。

このように、私の人生を究極的に支える確かなものは何か、と問うてみますと、人生における究極的な確かさなど、じつは、どこにもないのではありませんか。所在のない裸の自分が虚空に浮かぶ一片の雲のように存在しているだけです。しかし、それに気づき、勇気をもって虚空を見つめるとき、私たちもまたその虚空に響く神の声を聞きうるのではありませんか。創造の神によってこの弱く小さな存在が神によって支えられている。そのことにあらためて気づかされるのではありませんか。こうして私たちも、それぞれの仕方で、小さなヨブ体験をさせられるのではないかと思うのです。

注

(1) ヨブ記における「希望」を表す主な語彙とその用例箇所は次のとおり(*は友人の発言中の用例を示す)。

・「希望を抱く」(qāwāh, 動詞)は3章9節、6章19節、7章2節、17章13節、30章26節。

・「希望」(tiqwāh, 名詞)は*4章6節、*5章16、6章8節、7章6節、*8章13節、*11章18節、*11章20節、14章7節、14章19節、17章15節(2回)、19章10節、27章8節。

・「待ち望む」(yiḥēl / hōḥîl, 動詞)は6章11節、13章15節、14章14節、29章21節、29章23節、30章26節、*32章11節、*32章16節、*35章14節(ウルガータにより読み替えた場合)、41章1節(名詞形)。

・「望み見る」(ḥikkāh, 動詞)は3章21節、32章4節。

・「絶望する者」（nôʾāš, 動詞）は6章26節。

「希望の弁明」（Ⅰペトロ3・15b）
――基礎神学の根本課題としての「希望の弁明」

川中　仁

導入

カトリック神学には、他の神学諸科目に比して一般的にあまりなじみのない、「基礎神学（theologia fundamentalis / Fundamentaltheologie）」という科目がある。伝統的なカトリック神学には「護教論（theologia apologetica / Apologetik）」とよばれる科目があったが、現代カトリック神学でこれに相当するのが基礎神学であり、カトリック神学の体系では応用科目として位置づけられている。二十世紀の代表的な基礎神学者の一人であるハインリッヒ・フリース（Heinrich Fries, 一九一二―一九八年）は、その基礎神学の概説書で、「基礎神学は、神学の根拠と基礎を問う」[1]ことと述べている。すなわち、信仰の理性的弁明に取り組むことが、基礎神学の根本課題であるとしている。

さて、今年度の夏期神学講習会のテーマは「希望」だが、このフリースによる概説書をはじめ、基礎神学の教科書や概説書で、基礎神学の基本的な聖書箇所として必ず言及されるのが、ペトロの手紙一3章15節の「希望の弁明（Apologie einer Hoffnung）」である。また、二十世紀半ば、聖書的な「希望」概念の新たな解釈にもとづき、ユルゲン・モルトマン（Jürgen Moltmann, 一九二六年―）

が「希望の神学（Theologie der Hoffnung）」を提唱したが、ヨハン・バプティスト・メッツ（Johann Baptist Metz, 一九二八年―）は、ペトロの手紙一3章15節の「希望の弁明」を基礎神学の根本課題としつつ、モルトマンの「希望の神学」の問題関心に即して、「政治神学（Politische Theologie）」という希望の神学としての基礎神学を提唱した。そこで、本稿では、ペトロの手紙一3章15節の「希望の弁明」の解釈を軸にして、まずペトロの手紙一3章15節のコンテキストに立ち返って「希望の弁明」とは何かを明らかにし、次に希望の神学としての基礎神学の構想を取り扱い、基礎神学の根本課題とは何かを考えてみたい。

1　基礎神学の歴史――護教論から基礎神学へ

イエスの弟子たちは、十字架上のイエスの死後程なく、イエスの復活の出来事を体験する。この言葉にならない復活のイエスとの出会いの体験を、彼らは一様に「イエスを見た」と表現した（ヨハ20・18。また、Ⅰコリント15・3も参照）。イエスの復活の出来事を体験した弟子集団は、イエスが今も「生きておられる」（ルカ24・23）ということを証しする。イエスの弟子たちにとって、復活のイエスを証しすることこそが、彼らが「キリスト者（Χριστιανος）」として生きてゆくということにほかならなかったのである。弟子集団の第一世代から少し時代が下って登場したパウロは、非常に熱心なユダヤ教徒だった。だが、パウロは、一般的に「パウロの回心」（使徒9・1―19）と呼ばれる、彼自身の復活のイエスとの出会い（Ⅰコリント9・1、ガラテヤ1・16）をきっかけにして、キリスト者としての道を歩み始める。当時まだユダヤ教の精神性が色濃く残り、律法重視が自明の前提だったイエスの弟子集団の中にあって、パウロは、ユダヤ教の律法を遥かに凌駕するイエス・キリストの救いの出来事の卓越性ということにこだわり続けた。パウロは、ユダヤ教に対して、イエス・キリストの救いの出来事の卓越性を飽くことなく主張し続けた。このように、キリスト教信仰は、常に信仰の弁明に迫られ、それゆえ当初から護教論的な性格を帯びていたのである。

キリスト教信仰は、その後も古代・中世をとおして、絶えず敵対者からの攻撃に晒されていたが、十八世紀の人間理性を絶対視する啓蒙主義の勃興とともに、新たな局面を迎えることになる。それに対して、カトリック神学からは、啓蒙主義が重視する人間理性を共通の土俵にして、キリスト教を理性的に弁明する試みがなされるようになる。そのような対啓蒙主義的な理性的な弁明の試みとして、ウィーン学派（Wiener Schule）のヨハン・ネポムク・エーリッヒ（Johann Nepomuk Ehrlich, 一八一〇—六四年）[2]やチュービンゲン学派（Tübinger Schule）のヨハン・セバスチャン・ドライ（Johann Sebastian Drey, 一七七七—一八五三年）[3]らを挙げることができる。このようなカトリック神学の立場からの対啓蒙主義的な理性的弁明の試みを、彼らは「基礎神学」と称した。その意味で、カトリック神学における「基礎神学」の時代は、J・N・エーリッヒやJ・S・ドライらの試みとともに始まったということができるであろう。

このような対啓蒙主義的な問題関心の流れのもとで、第一バチカン公会議の教義憲章「デイ・フィリウス（*Dei Filius*）」（一八七一年四月二十四日）第四章「信仰と理性（*De fide et ratione*）」では、信仰と理性の相関性を取り扱いながら、基礎神学の根本課題についても述べている。「信仰と理性とは相反するものだけではなく、相互に助け合うものである。事実、正しい理性は信仰の基礎を明らかにし、信仰の光に照らされて、神についての学問を成立たせるからである。また、信仰は理性を多くの誤謬から救い、数多くのことを認識させるからである」[4]。ここには信仰の理性的弁明に取り組むという基礎神学の根本課題がみられる。同時に、「正しい理性は信仰の基礎を明らかに（cum recta ratio fidei fundamenta demonstret）」するという一節にあるように、キリスト教信仰の理性的基礎づけも主題化されている。

ここにみることができるように、基礎神学は、敵対者たちに対して信仰を擁護するという伝統的な護教論の性格を保ちつつ、信仰を理性的に基礎づけるという信仰基礎論にも取り組む。したがって、基礎神学には、ⓐ護教論：信仰の擁護としての基礎神学（apologia *ad extra*）と、ⓑ神学基礎論：信仰の理性的基礎づけとしての基礎神学（apologia *ad intra*）という二つの側面があるということができるであろう[5]。すなわち、基礎神学は、護教論と神学基礎論の二側面を併せもつ神学の営みなのである。

2　ペトロの手紙一3章14―15節の解釈

上述のように、基礎神学の教科書や概説書でペトロの手紙一3章15節は、基礎神学の基本的な聖書箇所として必ず言及されるが[6]、その際に、往々にしてペトロの手紙一3章15節のテキスト前後の文脈をあまり考慮せずに、基礎神学の聖書的根拠として「希望の弁明」（Ⅰペトロ3・15b）ということのみが取り上げられがちである。そこで、以下において、迫害と迫害への対応が述べられているペトロの手紙一3章14―15節のコンテキストに立ち返って、「希望の弁明」（Ⅰペトロ3・15b）とは何かを考えてみたい[7]。

(1) ペトロの手紙一3章14―15節のもつキリスト論的性格

14しかし、義のために苦しみを受けるのであれば、幸いです。人々を恐れたり、心を乱したりしてはいけません。15心の中でキリストを主とあがめなさい。あなたがたの抱いている希望について説明を要求する人には、いつでも弁明できるように備えていなさい。

（Ⅰペトロ3・14―15）

ペトロの手紙一3章14―15節では、ⓐ「義のために苦しみを受けるならば、幸い」という「幸い」句（Ⅰペトロ3・14a。マタイ5・10、ヤコブ1・12、Ⅰペトロ4・14参照）に引き続き、ⓑ迫害への具体的対応として、①恐れないこと、心を乱さないこと（3・14b）、②キリストを畏れること（3・15a）、③希望の根拠を弁明すること（3・15b）が述べられている。

このうち、ペトロの手紙一3章14節b―15節aとイザヤ書8章（七十人訳）をギリシャ語の原文で比較してみると、両者のテキスト的な対応関係は明らかである。

まず、「恐れないこと、心を乱さないこと」を述べるペトロの手紙一3章14節bは、イザヤ書8

章12節b（七十人訳）と対応している。[8] ただし、「恐れ、心を乱さない」対象は、イザヤ書8章12節bの「彼ら」ではアッシリア人であるのに対して、ペトロの手紙一3章14節bでは迫害者である。また、「キリストを畏れること」を述べるペトロの手紙一3章15節aは、イザヤ書8章13節（七十人訳）と対応している。[9] ただし、「畏れる」対象は、イザヤ書8章13節では「主」であるのに対して、ペトロの手紙一3章15節aでは「キリスト」である。このペトロの手紙一3章15節aのキリスト論的付加[10]にペトロの手紙一3章14―15節のもつキリスト論的性格をみることができる。

⑵希望を弁明すること（Ⅰペトロ3・15b）

いつも弁明（ἀπολογίαν）へと備えていなさい
あなたがたの希望（ἐλπίδος）について説明を求めるすべての人に
（Ⅰペトロ3・15b）

① 「弁明（ἀπολογία）」

ペトロの手紙一3章15節bの「いつも弁明（ἀπολογίαν）へと備えていなさい」で用いられている“ἀπολογία”は、元来法廷用語である。法廷用語としての「弁明（ἀπολογία）」の用例は、ルカ文書に多くみることができる。ルカによる福音書12章では、人びとの前でイエスの仲間であると言い表すという公共的な場面での弁明という文脈の中で、こう述べられる。「会堂や役人、権力者のところに連れて行かれたときは、何をどう言い訳しよう（ἀπολογήσησθε）か、何を言おうかなどと心配してはならない」（ルカ12・11）。同様に、使徒言行録にも、公共的な場面での弁明という文脈での用法がみられる。エルサレム神殿で、パウロは、自らの弁明をこう始める。「兄弟であり父である皆さん、これから申し上げる弁明（ἀπολογίας）を聞いてください」（使徒22・1）。ローマ総督フェストゥスは、皇帝に上訴することにしたパウロについて、こう述べる。「わたしは彼らに答えました。『被告が告発されたことについて、原告の面前で弁明（ἀπολογίας）する機会も与えられず、引き渡されるのはローマ人の慣習ではない』と」（同25・16）。

このような法廷用語としての「弁明（ἀπολογία）」の用例に対して、ペトロの手紙一3章15節bで用いられている「弁明（ἀπολογία）」は、「あなたがたの希望について説明を求めるすべての人に」とあるように、「すべての人」に対してなされる弁明であり、法廷での弁論等の公共的な場面での弁明に限定されていない。その意味で、この「弁明（ἀπολογία）」には、「すべての人」に対して開かれた対話的姿勢が含意されているとみることができるであろう。

②「希望（ἐλπίς）」

ペトロの手紙一3章15節bの「あなたがたの希望（ἐλπίδος）[11]について説明を求めるすべての人に」で用いられている「希望（ἐλπίς）」は、ローマの信徒への手紙にさまざまな用法がみられる。まず、アブラハムの信仰と希望について、「彼は希望するすべもなかったときに、なおも望みを抱いて、信じ、『あなたの子孫はこのようになる』と言われていたとおりに、多くの民の父となりました」（ローマ4・18）と述べられる。また、希望による救いについて、「わたしたちは、このような希望によって救われているのです。見えるものに対する希望は希望ではありません。現に見ているものをだれがなお望むでしょうか」（同8・24）と述べられる。さらに、希望の神について、「希望の源である神が、信仰によって得られるあらゆる喜びと平和とであなたがたを満たし、聖霊の力によって希望に満ちあふれさせてくださるように」（同15・13）と述べられる。

ペトロの手紙一にも、「希望（ἐλπίς）」のさまざまな用法がみられるが、もっぱらキリストとの関連で用いられている。まず、イエス・キリストの復活による「希望」について述べられ、「希望」の終末論的性格が強調される。「わたしたちの主イエス・キリストの父である神が、ほめたたえられますように。神は豊かな憐れみにより、わたしたちを新たに生まれさせ、死者の中からのイエス・キリストの復活によって、生き生きとした希望を与え、」（Ⅰペトロ1・3）「あなたがたは、キリストを死者の中から復活させて栄光をお与えになった神を、キリストによって信じています。従って、あなたがたの信仰と希望とは神にかかっているのです」（同1・21）。

また、対神徳の包括概念としての「希望」について、「神は豊かな憐れみにより、わたしたちを新たに生まれさせ、死者の中からのイエス・キリストの復活によって、生き生きとした希望を与え、」（同1・3。同3・5参照）と述べられる。さらに、信仰と希望について述べられ、信仰と希望が交換可能なものとして提示される。「あなたがたは、キリストを死者の中から復活させて栄光をお与えになった神を、キリストによって信じています。従って、あなたがたの信仰と希望とは神にかかっているのです」（同1・21）。

このように、ペトロの手紙一においては、「希望」とは、終末論的かつ全人格的なキリストへの信仰を意味している。「しかし、あらゆる恵みの源である神、すなわち、キリスト・イエスを通してあなたがたを永遠の栄光へ招いてくださった神御自身が、しばらくの間苦しんだあなたがたを完全な者とし、強め、力づけ、揺らぐことがないようにしてくださいます」（同5・10）。すなわち、「希望の弁明」（同3・15b）とは、イエス・キリストの全人格的な証しにほかならない。したがって、ペトロの手紙一3章15節bでいう「希望の弁明」とは、従来の基礎神学の教科書や概説書で述べられているような信仰の理性的基礎づけ以上のキリスト者の全人格的な営みなのである。

3　希望の神学としての基礎神学

ここで、エルンスト・ブロッホ（Ernst Bloch, 一八八五―一九七七年）からユルゲン・モルトマンを経て、ヨハン・バプティスト・メッツへと至る希望の神学としての基礎神学の流れをみてみたい。

二十世紀半ば、マルクス主義哲学者のブロッホによる『希望の原理（*Das Prinzip Hoffnung*）[12]』が、一九五四年から一九五九年にかけて出版された。『希望の原理』で、ブロッホは、旧約聖書的な「希望」概念の新たな解釈を提示した。「希望は、欠けている善にたいする勇気を支え、まだ実現していない善にたいする毅然とした非諦念を支えている。……すなわち希望は、人間に残された善、これまで決して成熟したことはないが、しかし破壊されたこともない善なのである[13]」。そのうえで、彼は、旧約聖書の「希望」を世界変革と解し、共産主義を「旧約聖書の宗教性の完成[14]」とみなした[15]。

ブロッホの『希望の原理』は、その晦渋な文体にもかかわらず、当時の思想界に多大な影響をあたえた。キリスト教神学界でも、ブロッホによる旧約聖書の「希望」理解に触発され、一九六四年にモルトマンの『希望の神学（*Theologie der Hoffnung*）』[16]が出版されると、全世界的な学生運動の盛り上がりとあいまって、神学界を越えて広く世界中にセンセーショナルな反響を呼び起こすこととなった。[17]『希望の神学』で、モルトマンは、キリスト教の核心を希望とみなした。彼によれば、希望は、思考と行動を変革する。「希望が人間に関する思惟と行動を変革しつつ摑みとるのでないかぎり、それは頭の先のことに過ぎず、力を及ぼさない。それゆえキリスト教的終末論は、希望をこの世の思惟の中へ、思惟を信仰の希望の中へと連れ行く試みをしなければならないのである[18]」。

また、モルトマンによれば、キリスト教的希望は、現状の肯定ではなく、現状の打破を要請するものである。「キリスト教は徹頭徹尾、希望なのであり、すなわち、単に終末論という附録においてのみではなく、すべてにおいて希望であり、前に向かっての展望であり遂行なのであり、それゆえ現在が打ち破られ変化することなのである[19]」。キリスト教の終末論的希望とは、決して悲惨な現実を諦観し、甘受することではなく、歴史的変革をもたらすものなのである。「復活し給うたキリストの来たるべき支配は、ただ望み待たれるだけではない。この希望と待望は、社会の歴史における生活・行動・苦難をも刻印する。それゆえ使命は、単に信仰と希望の拡張のみならず、生活の歴史的変革をも意味するのである[20]」。すなわち、「希望の神学」とは、イエス・キリストの死と復活による終末論的希望にもとづく歴史的変革にほかならないのである。

モルトマンの『希望の神学』は、神学界では賛否両論をもって受けとめられたが、カトリック神学界では、とりわけメッツによって共感をもって受けとめられた。「政治神学」を提唱するメッツは、その『世の神学（*Zur Theologie der Welt*）』（一九六八年）で、現代世界に対する基礎神学の神学的責任を強調する。「基礎神学は『希望の責任』（Ⅰペトロ３・15）に資するものである。基礎神学は現代の歴史的理解状況に適応する方法で信仰を説明しようとする――支配的な一般思想と無批判に妥協するためではなく、そういう思想と対決し効果的に説得するため、ゆえに私は教会と世界の主題を、現代世界状況に対する信仰の責任の問題として取扱う。この状況は神学的責任の本質的要素である。この状況に直面しない神学は個人をその信仰の霊的な試煉に放置するものである」[21]。メッツは、その神学的責任を「希望の責任（Verantwortung der Hoffnung）」とよぶ。

そのうえで、メッツは、『希望の神学』と同様に、終末論的希望にもとづく歴史的変革の意義を強調する。「しかし、この人間学的方向をもつ神学も、そう基本的に終末論として理解されない限り、世界および歴史との関連を失う危険に常に留まる。［すなわち、希望の終末論的地平においてのみ、世界は歴史として立ち現われる。］世界を歴史として理解することにおいてのみ、世界の神学的理解にとって人間とその行動の基本的永続的意味は基礎づけられることができる」[22]。ここで「人間学的方向をもつ神学（"anthropologisch gewendete" Theologie）」でメッツの念頭にあるのは、カール・ラーナーの神学である。メッツは、ラーナー神学を最も正確に理解したラーナーの弟子の一人であったが、ラーナー神学に潜む「世界と歴史との関連を失う危険」を指摘しているのである[23]。

こうして、メッツは、その『歴史と社会における信仰（*Glaube in Geschichte und Gesellschaft*）』（一九七七年）で、いかなる神学的営みも「希望の弁明」（Ⅰペトロ３・15）によって規定されるとする。「いかなるキリスト教神学の意図も委託も、『希望の弁明』と規定される」[24]。この希望の弁明で主題化されるのは、あくまでも具体的な歴史的―社会的状況である。「いかなる希望について述べられているのか？　すべての人々を眼前の主体的存在へと呼びかける、生きている者と死んだ者の神への連帯的な希望についてである。この希望の弁明で問題となるのは、主体性のない観念や構想間の争いではない。むしろ、主体の具体的な歴史的―社会的な状況、その体験、その苦しみ、闘い、抗いなのである[25]」。

以上にみた、ブロッホからモルトマンを経てメッツへと至る希望の神学としての基礎神学の流れは、明らかに二十世紀に隆盛を誇ったマルクス主義と連動する神学的潮流であった。その後、政治システムとしての共産主義諸国の崩壊とともにマルクス主義的希望が失望に終わり、希望の神学としての基礎神学も次第に退潮していったのである。マルクス主義の呪縛から解き放たれた現在、モルトマンの「希望の神学」やメッツの「政治神学」の発表当時にあったような切迫した歴史的変革への衝動は過去のものとなったかもしれない。だが、メッツが、神学の営みを根本的に「希望の弁明」（Ｉペトロ３・15ｂ）とみなし、「希望の弁明」を「希望の責任」と解したうえで、基礎神学を「希望の責任」に資するものであると強調したように、基礎神学は、神学の場としての具体的な歴史的―社会的状況と決して無縁のものではなく、現代世界に対する神学的責任を有するものということができるであろう。

結論

以上、基礎神学の基本的な聖書箇所である「希望の弁明」（Ⅰペトロ３・15ｂ）の解釈を軸にして、基礎神学の根本課題とは何かを考えてきた。ペトロの手紙一３章14―15節のコンテキストから確認したのは、「希望の弁明」とは、キリスト者によるイエス・キリストの全人格的な証しだということである。また、メッツが「希望の弁明」を「希望の責任」と解したうえで基礎神学のもつ「希望の責任」を強調したように、基礎神学は、神学の場としての具体的な歴史的―社会的状況にあって、現代世界に対する神学的責任を有する。このように考えると、「希望の弁明」（Ⅰペトロ３・15ｂ）にもとづく基礎神学とは、現代世界に対して神学的責任を全うするキリスト者の全人格的な営みでなければならないのである。

注

（1）Heinrich Fries, *Fundamentaltheologie*, Graz: Styria, ^{2}1985, p.13.「基礎神学は、神学の根拠と基礎を問う」。("Fundamentaltheologie fragt nach den Grundlagen, den Fundamenten der Theologie.")

（2）Johann Nepomuk Ehrlich, *Leitfaden für Vorlesungen über die allgemeine Einleitung in die theologische Wissenschaft und die Theorie der Religion und Offenbarung als erster Theil der Fundamental-Theologie*, Prag 1859.

（3）Johann Sebastian Drey, *Die Apologetik als wissenschaftliche Nachweisung der Göttlichkeit des Christentums in seiner Erscheinung*, 3 Bde., Mainz 1838–47 (Frankfurt 1967).

（４）"Neque solum fides et ratio inter se dissidere numquam possunt, sed opem quoque sibi mutuam ferunt, *cum recta ratio fidei fundamenta demonstret* eiusque lumine illustrate rerum divinarum scientiam excolat, fides vero rationem ab erroribus liberet ac tueatur eamque mulitplici coginitione instruat." (DH 3019)（斜体は筆者）

（５）Ｊ・Ｂ・メッツは、この基礎神学の二つの側面を「外へと内への護教論（apologia *ad extra* et *ad intra*）と呼んでいる。Johannes-Baptist Metz, Art.: *Apologetik*, Sacramentum Mundi (SM) I, Freiburg i. Br. 1968, pp. 269–270.

（６）Hansjürgen Verweyen, *Gottes letztes Wort. Grundriß der Fundamentaltheologie*, Regensburg: Friedrich Pustet, ^{3}2000, p. 37:「基礎神学的著作の基本テキストとして、ペトロの手紙一３章15節が正当にも繰り返し引用される。……」（"Als Basistext für die fundamentaltheologische Arbeit wird mit Recht immer wieder1 Petr 3,15 zitiert: ..."）また、以下も参照。ヨハン・バプティスト・メッツ『世の神学』（田淵文男訳、あかし書房、一九七〇年、108頁〔Johann Baptist Metz, *Zur Theologie der Welt* [Topos-Taschenbücher 11], Mainz: Matthias-Grünewald-Verlag, 1973 [1968], p. 75f.〕）；Johann Baptist Metz, *Glaube in Geschichte und Gesellschaft. Studien zu einer praktischen Fundamentaltheologie*, Mainz: Matthias-Grünewald, ^{5}1992 (1977), p. 19; Heinrich Fries, *Fundamentaltheologie,* Graz: Styria, ^{2}1985, p. 13.

（７）一ペトロ３章14―15節の解釈につき、以下を参照。Karl Hermann Schelke, *Die Petrusbriefe – Der Judasbrief* (HThK 13/2), Freiburg i. Br.: Herder, ^{2}1964; Leonhard Goppelt, *Der Erste Petrusbrief* (KEK 12/1),

Göttingen: Vandenhoeck & Ruprecht, 1978; Paul J. Achtemeier, *1 Peter. A Commentary on First Peter*, Minneapolis: Fortress Press, 1996; Reinhard Feldmeier, *Der erste Brief des Petrus* (ThHk 15/1), Leipzig: Evangelische Verlagsanstalt, 2005.

（8）イザヤ書8章12節b（七十人訳）とペトロの手紙一3章14節bの比較
イザヤ書8章12節b（七十人訳）：“τὸν δὲ φόβον αὐτοῦ οὐ μὴ φοβηθῆτε οὐδὲ μὴ ταραχθῆτε”
ペトロの手紙一3章14節b：“τὸν δὲ φόβον αὐτῶν μὴ φοβηθῆτε μηδὲ ταραχθῆτέ”

（9）イザヤ書8章13節（七十人訳）とペトロの手紙一3章15節aの比較
イザヤ書8章13節（七十人訳）：“κύριον αὐτὸν ἁγιάσατε καὶ αὐτὸς ἔσται σου φόβος”
ペトロの手紙一3章15節a：“κύριον δὲ τὸν Χριστὸν ἁγιάσατε ἐν ταῖς καρδίαις ὑμῶν,”

（10）ペトロの手紙一3章15節aにおけるキリスト論的付加“τὸν Χριστὸν”（Ⅰペトロ3・16“ἐν Χριστόν”参照）は、叙述（predicative）：「キリストである主を畏れる」とも、並置（apposition）：「主、キリストを畏れる」ともとることができる。P. J. Achtemeier, *1 Peter*, p. 232.

（11）ペトロの手紙一3章15節bの「あなたがたの希望」の「あなたがた（ἐν ὑμῖν）」には、希望の内面性と共同体性という二つの翻訳可能性がある。すなわち、「あなたがたの内の（within you）」：個人の内面における希望と「あなたがたの間の（among you）」：共同体における希望である。P. J. Achtemeier, *1 Peter*, p. 233f.

（12）エルンスト・ブロッホ『希望の原理　第一～六巻』（山下肇／瀬戸鞏吉／片岡啓治／沼崎雅行／石丸昭二／保坂一夫訳、白水社〔白水ｉクラッシックス〕、二〇一二―一三年〔Ernst Bloch, *Das Prinzip Hoffnung*,

Frankfurt a. M.: Suhrkamp, 1973〕）。

（13）E・ブロッホ『希望の原理　第三巻』、186頁（E. Bloch, *Das Prinzip Hoffnung*, p. 389）。

（14）ユルゲン・モルトマン『わが足を広きところに——モルトマン自伝』（蓮見幸恵／蓮見和男訳、新教出版社、二〇一二年、163頁〔Jürgen Moltmann, *Weiter Raum. Eine Lebensgeschichte*, Gütersloh: Gütersloher Verlagshaus, 2006, p. 119〕）。

（15）モルトマンの自伝に引用されている雑誌「シュピーゲル（*Spiegel*）」（一九六八年一月二十二日）の記事では、次のように述べられている。「古いユダヤ教の前進的性格をブロッホは次の点に見た。共産主義も今日同じように宣言しているように、ユダヤ教は、此岸を変革しようとしている」（J・モルトマン『モルトマン自伝』、163頁〔J. Moltmann, *Weiter Raum*, p. 119〕）。

（16）ユルゲン・モルトマン『希望の神学——キリスト教的終末論の基礎づけと帰結の研究』（高尾利数訳、新教出版社、一九六八年〔Jürgen Moltmann, *Theologie der Hoffnung. Untersuchungen zu Begründung und zu den Konsequenzen einer christlichen Eschatologie*, München: Chr. Kaiser Verlag, ^{8}1969 [1964]〕）。モルトマンの『希望の神学』は、ブロッホの『希望の原理』との思想的親和性から、「小さなブロッホ音楽（eine kleine Bloch-Musik）」とも呼ばれた。J・モルトマン『モルトマン自伝』、163頁（J. Moltmann, *Weiter Raum*, p. 119）。なお、ブロッホとモルトマンの出会いにつき、同書、116—120頁（Ibid., pp. 84–87）参照。

（17）同書、140—167頁（Ibid., pp. 103–121）。

（18）J・モルトマン『希望の神学』、28頁（J. Moltmann, *Theologie der Hoffnung*, p. 28）。

（19）同書、4頁（Ibid., p. 12)。
（20）同書、388頁（Ibid., p.304)。
（21）J・B・メッツ『世の神学』、108頁（J. B. Metz, *Zur Theologie der Welt*, p. 75f.)。
（22）同書、119―120頁（Ibid., p. 83)。本文の引用中の［ ］内は、筆者による補足的訳出。
（23）カール・ラーナーは、その希望の神学に関する論考で、「希望」概念を聖書の中心的使信として強調する希望の神学に対して、希望はあくまでも三つの「神学的徳（theologische Tugenden)」の一つであるとし、「希望」に過度の重きをおく神学的立場からは距離をとっている。Karl Rahner, *Zur Theologie der Hoffnung*, *Sämliche Werke* 22/2, pp. 207–221 (*Schriften zur Theologie* 8, 561–579).
（24）Johann Baptist Metz, *Glaube in Geschichte und Gesellschaft*, p. 19.
（25）Ibid.

第Ⅲ部　希望を生きる人々

希望の存在論——悪の深淵から希望へ

佐藤　真基子

はじめに

皆さんは「希望」と聞くとき、どのようなイメージを抱くでしょうか。具体的な何かを心に浮かべる人もいれば、漠然とした形のないイメージを抱く人もいるでしょう。そしてその「希望」が、今自らのもとにあると感じている人もいれば、希望がない、希望を見出せないと感じている人もいるでしょう。かつては希望を抱いていたものの、今や失ってしまったと感じている人もいるかもしれません。

なぜ、ときに「希望」は、あったりなかったりするように見えるのでしょうか。それはちょうど蜃気楼のように、私たちの前に現れたり消えたりするものなのでしょうか。あるいはそれは実は私たちの幻想の中にしかない、儚い存在なのでしょうか。しかし希望は蜃気楼とは異なり、それが失われたとき、すなわち絶望するとき、人は死を選ぶことさえあります。希望は存在するのか、存在するとすればどこにあるのかという問いは、私たちにとって、生きる意味を問う切実な問いです。

本稿では、この「希望」の存在ということに注目して考えてみます。

1　映画「ハンナ・アーレント」

アイヒマン裁判とハンナ・アーレント

一つの映画の話から始めたいと思います。日本では二〇一三年十月に公開された映画「ハンナ・アーレント」です。当初、東京・神保町の岩波ホールでのみ上映されていましたが、大変盛況で、その後都内でも複数の映画館で引き続き上映されました。ここでこの映画の内容を話してしまうと、まだこれからご覧になろうという方にとっては迷惑かもしれませんが、しかしいわゆるネタバレにはならないのではないかと思います。というのは、私が聞いた限り、この映画を観た人の感想は面白いほどそれぞれに別様だからです。同じ一つの映画ではあるものの、観る人によって、捉えているところが違う。どうも複数の側面から観ることができる映画のようです。そして興味深いことに、この、一つの同じ対象を経験しながら、しかしそれぞれに受け取ったものが違うという事態は、この映画の内容そのものにも密接に関係しています。

タイトルが示すように、この映画の主人公は、二十世紀を代表する政治思想家の一人であるハンナ・アーレント（一九〇六―七五年）です。彼女の人生は、それこそ映画になりそうなドラマに満ちています。学生時代の教師ハイデガーとの関係。ギュンター・シュテルン（アンダース）と結婚後、ナチス政権下での逮捕、パリへの亡命。ハインリッヒ・ブリュッヒャーとの再婚、収容所での抑留生活、そしてアメリカへの亡命。しかしこの映画は、彼女の生涯を順に追ったバイオグラフィではありません。一九四五年に戦争が終わって、さらに十五年後、一九六〇年から六三年頃のアーレントを描いています。

映画は一九六〇年、かつてホロコーストを行ったナチス政権下で親衛隊の幹部だったアドルフ・アイヒマンが、潜伏先のアルゼンチンでイスラエル諜報部に拘束されたところから始まります。アイヒマンは、ユダヤ人を強制収容所へ移送させる主要な役割を担ったとみなされる人物です。翌一九六一年にエルサレムで行われた裁判には、世界中が注目しました。その頃日本は高度経済成長期、「もはや戦後ではない」という言葉が流行したのはすでに一九五六年です。アイヒマン裁判については日本でも注目され、裁判が始まった日の新聞では一面になっています。この裁判を、アーレントはイスラエルに渡って傍聴し、一九六三年にそのルポルタージュを雑誌『ザ・ニューヨーカー』に連載しました。

映画ではこの裁判の様子、そしてそれを見守り思考を深めていくアーレントが描かれます。裁判の様子は、当時の実際の映像が使われています。俳優による演技ではないのです。このアイヒマン裁判の映像は現在、インターネット上の動画共有サイトで誰でも見ることができます。裁判では、強制収容所を経験した人々、家族を失った人々の証言が続きます。彼らの証言は、アイヒマンが犯した罪の大きさを示しているように見えます。ホロコーストの犠牲者は少なくとも六百万人とも言われます。人類が経験したことのない出来事です。しかもその数に留まらない。証言に立っている生存者たちも、戦後十五年経ったところで決して苦しみの癒えていない犠牲者です。彼らには、被告席にいるアイヒマンは悪魔に見えたでしょう。じっさい、アイヒマンに向かって罵り、睨み付ける人々の様子が映っています。アイヒマンは無数の人々の憎しみの的となっているように見えます。

共通理解の難しさ

一九六三年二月から五回にわたって掲載されたこのアーレントによるルポルタージュ、そして同年に出版されたその書籍は、大きな反響を呼びます。その多くは、アーレントを批判するものでした。いや、アーレントにしてみれば、批判にもなっていない、攻撃でした。アーレントの記事は、ただでさえ痛手を負ったユダヤ人をさらに傷つけるものであって、「とても読めない」という発言が飛び交います。

これはアーレントにとって必ずしも予期していた反応ではなかったようです。彼女は裁判を傍聴して、その裁判の「事実」、アイヒマンが犯した罪の「真実」を皆に知らせようとしました。しかし、彼女が伝えようとしたものは事実、真実ではないと多くの人が受け取ったのです。そしてさらに、アーレントにしてみれば、そんなことは言おうとしていないというような、アーレントの記事そのものについての受け取られ方の違いもありました。例えばゲルショーム・ショーレムとの往復書簡でも、アーレントはショーレムの理解には誤りがあって、「論争しようにもしようのない言明」があると言っています。裁判という、「真実」を明らかにしようとする場を皆が共有しながら、人によってその「真実」の捉え方が大きく異なるという事態、そして一つのルポルタージュが、筆者と読者との間で理解が異なるという事態。同じものを経験や認識の対象としながら、人がそれぞれ別のものを受け取るということが幾重にも生じています。

映画のヒットを受けて、アーレントの著作は増刷されて書店に並び、アーレントに関する諸研究文献の出版も相次ぎました。なぜ今この映画に、あるいはアーレントの思想に、関心が寄せられたのでしょうか。多様な感想が聞かれるほどですから、理由も様々でしょう。しかし理由の一つとして、「悪の正体」を探求することへの関心が挙げられると思います。この映画の軸の一つである「裁判」という場は、真実を明らかにしようとする場であるとともに、裁かれるべき「悪」がどこにあるか、被告人が犯した「悪」とは一体何なのかを明らかにする場です。いわば「悪の正体」を明らかにする場です。当時アーレントが批判されたのも、彼女が結論した「悪の正体」についての彼女の言説です。先述のように、そこでは必ずしも共通の理解が人びとに共有されたのではありません。しかしむしろ、容易にその正体が共有されるものではないからこそ、「悪の正体」の探求に挑んだ一思想家の姿に関心が寄せられているのではないでしょうか(1)。

2　悪の正体を探る思考

悪の陳腐さ

リチャード・J・バーンスタインはその著書『根源悪の系譜』においてカント以降の八人の思想家を取り上げ、彼らにおいて「悪」がどのように考えられ分析されてきたかを論じています。その八人の最後に位置づけられているのがアーレントであり、またその書の冒頭で言及されているのが、

「悪の問題はヨーロッパの戦後の知的生活の根本問題となるだろう」（ハンナ・アーレント「悪夢と逃避」Ｊ・コーン編、齋藤純一・山田正行・矢野久美子共訳『アーレント政治思想集成 一 組織的な罪と普遍的な責任』みすず書房、二〇〇二年所収）というアーレントの言葉です。いわばバーンスタインは本書を、アーレントに始まりアーレントに終わる仕方で構成しています。じっさいこのアーレントの言葉は、先の映画の盛況に見られるような、「悪の正体とはなにか」という問題に対する現代の日本人の関心にも当てはまる、重要な指摘だったと言えるでしょう。

とはいえ、もちろん「悪」は現代の人びとだけの問題ではありません。それはいつの時代も人にとって身近な問題でした。悪い人、悪い出来事、悪い体調、悪い人生など、人は何かに悪を見出し、ときにそれによって絶望に陥ります。悪は希望を人から奪うものです。時代を超えて、あらゆる宗教、あらゆる学問が悪をめぐる問題に取り組んできました。そして、人が経験する諸々の具体的な悪をふまえて、「そもそも悪とは何なのか」という問いに取り組んできたのが、哲学や宗教です。

哲学や宗教に基づいて諸思想家によって取り組まれてきた、悪の正体についての考察を追うにあたってバーンスタインがアーレントに注目しているのは、十八世紀の哲学者イマヌエル・カントとは区別される新たな洞察がアーレントによって提示されているからです。カントは「自己愛」（利己心）が悪の起源であると論じていますが、悪についてのアーレントの理解はそれに対立するものだったというのが、バーンスタインの見方です（リチャード・J・バーンスタイン『根源悪の系譜——カントからアーレントまで』阿部ふく子・後藤正英・齋藤直樹・菅原潤・田口茂訳、法政大学出版局、二〇一三年、331頁参照）。そのアーレントの見解が、アイヒマンの裁判をめぐる彼女の論考で示されています。彼女はアイヒマンについて次のように述べています。

彼〔アイヒマン〕のおこなったことは遡及的にのみ罪となるのであり、彼は常に法に忠実な市民だったのだ。彼が最善をつくして遂行したヒットラーの命令は第三帝国においては〈法としての力〉を持っていたからである。

（『イェルサレムのアイヒマン――悪の陳腐さについての報告』大久保和郎訳、みすず書房、一九六九年、19頁）

アーレントの指摘はこうです。アイヒマン自身の主張によれば、彼は直接手を下してもいなければ、殺してやろうという意志を持っていたのでもない。将校であった彼は、命令に従うことを当時の法の下で宣誓しており、じっさい命令に従っただけである。そこには、悪いことをしてやろうと望む悪魔的な悪い意志など見出されない。アーレントは、人間の意志ないし欲求に悪の原因を見出すカントの考えでは説明のつかない仕方で、悪が生成する事態に注目しているのです。大きな苦しみ、悲しみの根源にあったのは、大きな悪の根源などではなく、普通の人がともすると陥る「陳腐な（凡庸な）」ものだと彼女は指摘します。

悪とかかわる瞬間、思考は挫折します。なぜなら、そこには何もないからです。その意味で、悪は思考を不可能にするのです。それが悪の「凡庸さ」です。

（「イェルサレムのアイヒマン――ゲルショーム・ショーレム／ハンナ・アーレント往復書簡」

矢野久美子訳、『現代思想』一九九七年七月号）

アーレントが注目するのは、悪の正体を探ってみると、「そこには何も無い」という、私たちを当惑させる事態です。しかし、「無い」ものでありながら、それは現実に私たちを苦しめ苛みます。悪を何ものかとして摑みとれないにも拘らず、私たちを苦しめるとすれば、はたして私たちは、悪から逃れうる希望をどこに見出すことができるのでしょうか。

存在と闇

アーレントがアイヒマンについて指摘したような、悪の正体として悪なる何かは見出されないという考えの萌芽は、すでにアイヒマン裁判以前の彼女の論考にも見られます。たとえば一九四五年に発表した「組織的な罪と普遍的な責任」においてアーレントは、「ヒムラーの編成した包括的な組織は、狂信者にも殺人狂にも、またサディストにも頼っていない。それはもっぱら、勤め人と家庭の父の正常さ《ノーマリティ》にのみ依拠している」（「組織的な罪と普遍的な責任」『アーレント政治思想集成 一　組織的な罪と普遍的な責任』所収）と語っています。

こうした、悪の正体を探ると「そこには何もない」、「無」であることが見出されるという考えを提示したのは、アーレントが始めてではありません。すでにキリスト教教父アウグスティヌスの思想の内に見出されます。アーレントがかつてハイデルベルク大学の学生時代にヤスパースのもとで書き上げた博士論文は、アウグスティヌス（三五四―四三〇年）の思想についてのものでした。アウグスティヌスは、キリスト教に回心する以前には、善悪二元論を論じるマニ教にしたがって、悪を善に対立する何らかの実在だと考えていました。しかしその後彼は、新プラトン主義を通して、悪は実在ではないという考えを学びます。

存在しているものはすべて善いのであって、私がこれまで「どこから生ずるのだろう」とたずねていたあの悪なるものは、実在ではなかったのです。

（アウグスティヌス『告白』山田晶訳、中公文庫、二〇一四年、7・12・18）

悪を実在とみなすマニ教の考えによっては、なぜ全能である神はすべてのものを善いものとしてつくることができなかったのか、神がつくったはずのこの世界にどうして悪が生じるのか、という疑問が解決されないとアウグスティヌスは考えていました（『告白』7・5・7参照）。その疑問を解決したのが、新プラトン主義の考えでした。新プラトン主義は、三世紀の哲学者プロティノスに始まる思想で、アウグスティヌスと同時代にも知識人たちによく知られていました。

アウグスティヌスは、新プラトン主義にならって、「最高度の悪は、いかなる形にも属さないのであるから存在しないし、『悪』という名はすべて、形の欠如から見出されている」と述べています（『八三の諸問題について』第六問「悪について」参照）。これは、たとえば、理想的な設計図どおりに建てられた家はよい家だと言われますが、もしあるはずの屋根が欠けている家が建てられたなら、悪い家だ、欠陥住宅だと言われるように、人は欠如に「悪」を見出すという考えです。欠如として認識することはできても、そこに、これという何かが実在しているわけではない、悪とはそのようなものだとアウグスティヌスは理解しました。こうした、悪は存在の欠如であるという考えに基づいて、彼はわれわれ被造物の存在について次のように論じています。

被造物の部分についてみると、ある部分は他のある部分に適合しないため悪と思われることもあります。しかしその同じものは他の部分と適合するかぎりにおいては善であり、それ自体としてみても善いものです。……ですからもう、「そんなものはなければよいのに」などといってはならない。じっさい、そのものしか見なかったとしたら、もっと善いものを熱望したかもしれませんが、しかし私は、もうそれらのものだけによっても、あなたを讃えなければならなかったでしょう。

（『告白』7・13・19）

アウグスティヌスの述べているところは、次のようです。たとえば、この家の壁は屋根に合っていないから悪いということがあります。しかし他方で、同じ壁は窓とは合っていて、その点は善い。このように、あらゆるものは、あるものとの関係で悪いとみなされることがあっても、別のものとの関係では善いという仕方で存在しています。たしかに存在はしているが、欠如も見出される点で十全な存在ではない。それが被造物の存在の仕方であるとアウグスティヌスは考えています。

被造物とは異なり、悪を免れた善である神は、十全な存在そのものです。しかも創造者として神は、被造物に存在すなわち善を与える者と位置づけられます。神（右の引用では「あなた」）を讃えなければならないとアウグスティヌスが言うのは、被造物は未だ十全な存在でないとはいえ、すでに存在を与えられているからです。

彼は別のところでは、もし被造物である自分が、存在を与えられていることにおいて神を讃えないとすれば、「闇の淵」に落ち込んでしまうとも言っています（『告白』13・2・2―3参照）。神を讃えないということは、存在の与え手である神から離れることだからです。悪を免れていない点で、人は未だ闇の淵をはらんでいます。しかし全くの非存在なのではなく存在も得ているのですから、闇の淵に落ち込んでいるのではありません。アウグスティヌスは、被造物がすでに存在を得ているというそのこと自体に、希望を見出しているのです。

右の引用でアウグスティヌスが指摘するように、人は、苦痛を伴う自らの生や不都合な存在に対して、「そんなものはなければよいのに」と言うことがあります。そしてじっさい、それらを「悪いもの」とみなして排除することがあります。排除されるのは、「悪いもの」や「悪い生」、「悪い人」など、悪を含んでいるとみなされた「存在」です。あらゆるものは、存在している限りにおいては欠如のない善いものであるのに、人は何かとの関係で欠如を見出し、悪とみなすことによってそれを排除しています。しかし、果たしてそれは望ましいことなのでしょうか。

3　存在に見出される希望

存在への帰還としての生

さらに、次の引用をご覧ください。これは先に引用した『告白』とほぼ同時期に書かれた『キリスト教の教え』からのものです。アウグスティヌスは人の生を祖国への旅路に喩えています。

　われわれが祖国においてしか幸福に生きられない旅人であって、しかも今はたしかにみじめであるけれども、このみじめな状態を終らせようと思い、祖国に戻ることを願っているとするならば、悦んで所有すべき祖国に辿り着くことができるようになるために、水陸の乗物を用いることをどんなに必要とすることであろう。ところがもしも道中の心地良さとか、乗り物に乗ることそのことに誘惑されて、ついそちらの方が楽しくなった場合には、われわれが用いなければならないものを享楽することに転じてしまい、すみやかに旅路を終えることを願わなくなり、倒錯した快感の虜となって、その心地良さのために人を幸福にしてくれる祖国から離れてしまう。

（『キリスト教の教え』［アウグスティヌス著作集第6巻］教文館、一九八八年、1・4・4）

「祖国」とは、そこにおいて人が幸福を享受するところ、悪を免れた十全な存在を享受する神のことです。先に見たような、十全な存在を求める人間の心を、アウグスティヌスはここでは、祖国へ戻りたいという願い、いわば望郷とも言うべき心に喩えています。

この引用において注目したいのは、祖国へ帰るための乗り物に言及しているところです。この乗り物は神以外のもの、この世のあらゆるものの喩えで、人もそこに含まれます。「物を用いる」ならともかく「人を用いる」というと、人に対してよくない扱いを意味するように聞こえますが、そうではありません。アウグスティヌスはこの直前のところで、「用いるとは、用いる対象を、あなたが愛する所有すべきものへ運び帰すこと」と定義しています。この定義から分かるのは、アウグスティヌスが、用いる対象を、神のもとへ共に帰るべきものとみなしていることです。この世のものは共に帰るべきものであるからこそ、彼は上述のように、神を愛するという本来の目的を忘れた仕方でそれを愛してはならないと諌めています。

また、祖国へ帰るためには乗り物が必要であるというのですから、人が自分ひとりの力で祖国へ帰ることができるとは考えられていないことも分かります。じっさいこの議論の後同じ巻の中でアウグスティヌスは、神への愛と隣人愛を論じています。人生を存在への帰還として捉える新プラトン主義に基づく考えを、アウグスティヌスはさらに、隣人愛というキリスト教的な倫理観に展開させているのです。

存在へ向かう隣人愛

アーレントは、以上のようなアウグスティヌスの思想を、その博士論文『アウグスティヌスの愛の概念』において正確に読み取っていると思われます。

> 人間は自らが「生まれ出た何処」を、またそれとともに新しい生の意味を、「愛」caritas の中に認めるので、この荒野の中で生きることが可能となる。……「欲望」cupiditas が「無への接近」を完成するものであるように、「愛《カリタス》」は「存在への傾向」を完成するものといえよう。（『アウグスティヌスの愛の概念』千葉眞訳、みすず書房、二〇〇二年、124頁。傍点は原本による）

「生まれ出た何処」とは、先の故郷に帰る旅人の例と同様、悪の免れである神です。そこへ帰りたいという「愛」をもつことによって、この世の生を生きることに目的が生まれます。このように、人間存在の意味を神のもとへの帰還と捉えるところに「新しい生の意味」が生まれ、この世を生き抜く希望が抱かれます。他方で、祖国に帰ることを忘れて航海そのものを楽しんでしまう旅人が祖国へ帰れないのと同様に、神以外のものを、神を忘れた仕方で求めてしまう心は「愛」とは区別され、「欲望」と呼ばれています。対象を求める志向性という点で「愛」と「欲望」は共通していますが、目的を神に置いているか否かが異なります。「欲望」によっては十全な存在へ帰れないことを帰結しますから、「無への接近」と言われているのです。アーレントは、こうした存在論を、アウグスティヌスが隣人愛に展開させていることに注目して、次のように解釈しています。

> この必然的な「愛《カリタス》」は、自らの存在に関する明確な自覚から生じ、したがって純然たる人間的かつ被造的存在そのものに、つまり、万人に等しく注がれることになる。

（『アウグスティヌスの愛の概念』、161頁）

先の引用でアーレントが指摘していたように、たしかにアウグスティヌスにおいて人間の愛は「存在への傾向」として位置づけられています。そうであるとすれば、この世のものである隣人への愛は、神への愛（存在そのものへの愛）を完成させるものなのですから、隣人への愛も、その隣人の存在そのものへの愛であると考えられます。人が人を愛するとき、何かある条件を満たしているからその相手を愛するということがあります。そしてその条件を満たしていない人を排除するということがあります。先に言及した、「そんなものはなければよいのに」という判断です。ナチスが取り入れた優生思想はまさにそれです。それに対してアーレントがアウグスティヌスから読み取ったのは、人が人を愛する本来の愛は、相手がただ存在しているという、ただそのことだけに向かうものだという考えです。存在しているという限りにおいてそれを愛するのですから、それは「万人に等しく」向けられるものとなるのです。

たとえば先のショーレム書簡（一九六三年）でも、アーレントは、自分はユダヤ人であるという意識はあるが、ユダヤ人への愛ということはなくて、愛は常に「友人」への愛だけであって常に個人に向かう、と論じています。これは上述の、「万人に等しく」注がれるという見解と一致しています。同様の見解は、他の著作や書簡でもしばしば示されています。彼女が博士論文で論じたアウグスティヌスの解釈が、引き続き維持されていたことを示していると言えるでしょう。

4　悪の深淵から希望へ

思考し続けること

では、このような存在についての理解にあって、具体的にどのように「存在そのもの」に近づきうるのでしょうか。ふたたび、アーレントのアイヒマンについての洞察を見てみましょう。

彼〔アイヒマン〕の語るのを聞いていればいるほど、この話す能力の不足が考える能力――つまり誰か他の人の立場に立って考える能力――の不足と密接に結びついていることがますます明白になって来る。
（『イェルサレムのアイヒマン』、38頁）

アーレントは、アイヒマンに「悪を行ってやろう」という悪魔的な意志が見出されないからといって、すなわち彼に悪の実体が見出されないからといって、アイヒマンに罪がないと考えたのではありません。アーレントが注目したのは、彼が、考えることを放棄しているように見えることでした。裁判中に語られるアイヒマンの言葉も、そして死刑を執行される際に彼が語った辞世の言葉でさえ、彼自身の思考の過程など無いような、それこそ「陳腐な」ものでした。たしかに、命令に従っただけという、戦時中の彼の態度の背景には、自らの行為の帰結を想像しない、思考の停止があると思われます。

この「思考停止」ということを、本稿で見てきた、悪と存在についての考え方に関係づけるなら次のように言えるでしょう。アウグスティヌスによれば、私たちにとって悪は、正体のつかみとれない「闇の深淵」とも言うべきものでした。そしてその深淵に陥らないためには、祖国へ帰る船を途中で止めずに船をこぎ続けること、すなわち存在を愛し求め続けなければなりません。しかし、悪が把握しきれないものである以上、どうすることが悪を避け存在に近づくことになるかは必ずしも判明でないはずです。それはいわば、私たちが乗っているのは祖国への航路がインプットされた自動操縦装置付きの船ではないということです。闇の深淵に陥らず祖国へ帰るためには、常に航路の選択を自らし続けなければならないということです。そこで求められるのが、正しい航路を模索する思考です。その思考を停止するとどうでしょう。それは祖国へ帰ることをやめること、そして闇の深淵に陥っていくことを意味するでしょう。

映画「ハンナ・アーレント」では、この「思考停止」ということを、アイヒマンだけでなく、アーレントと対話をやめた『ザ・ニューヨーカー』の読者、ヨナスやクルトら友人の態度にも見出しているように見えます。そして他方、戦後の意気消沈したハイデガーに、「今後はさらに学んで考え抜くつもりだ」と語らせています。そして最後に、アーレントに、「〝思考の嵐〟がもたらすのは、知識ではありません。善悪を区別する能力であり、美醜を見分ける能力です。……危機的状況にあっても、考え抜くことで破滅に至らぬよう」という台詞を語らせています。じっさい、思考の重視は、アーレント最晩年の著作にもあらわれています。彼女が思考という営みを、善悪の問題に密接に関わるものとして考えていることが分かります。

このような思考の欠如というのは、我々の日常生活ではきわめてありふれたことであるのだが、そうなるのは立ち止まって考える時間もほとんどないし、ましてや、そうしたいとも思っていないからである。……ことによれば善悪の問題、正不正を区別する能力は我々の思考能力と結びついているのではないか。

（『精神の生活（上）第一部 思考』佐藤和夫訳、岩波書店、一九九四年、7頁）

人間――自由な意志をもつもの

今一度、アイヒマン裁判についてのアーレントによる指摘を見てみましょう。そこでアーレントは、偽装書類とトラックを用意してユダヤ人を援助したアントン・シュミットの例に言及しています。この例については、『根源悪の系譜』でバーンスタインも注目しています。

（シュミットの例は、）政治的に言えばその教訓とは、恐怖の条件下では大抵の人間は屈従するだろうが、或る人々は屈従しないだろうということである……。

（『イェルサレムのアイヒマン』、180頁）

アイヒマンだけでなく、戦争の危機的状況下にあって思考を停止する人は、たしかに多いかもしれません。しかし、誰もが思考停止せざるを得ないのではありません。アントン・シュミットの例もその一つですが、他にも、自らの命をかけて、別の選択を選んだ人がいたことは、今日よく知られています。

どこからその行動の違いが生まれるのでしょうか。悪がもし、何か実体のあるものだとするとどうでしょう。それは実体のあるものとして人間によって把握され、分析され、語りつくされるでしょう。そして、そのような悪を人が行うなら、その行いもまた、語られ、説明しつくされるでしょう。これこれの条件下ではこれこれの行いが帰結するという仕方で、説明し切れてしまう。説明とは、必然的論理システムにことがらをおき、そこに解消する行為です。悪をそうした説明領域におくなら、悪を選択した自由意志も説明しつくされることになります。「自由」という説明できないものを、説明領域に解消してしまうのです。もはやそこに、「自由」はありません[2]。アイヒマンは組織の歯車の一つとして行動しただけであって罪はないと語る言説はまさにこれです。この言説はアイヒマンに限らない、戦争の責任を問う多くの場面で語られるものですが、それは罪をないものとするにとどまらない、人間の自由をもないものとしてしまう言説なのです。

こうした言説、すなわち人は歯車の一つとして自由意志を持たずに悪を行うことがあるとみなす言説を、先の船による祖国への帰還の例で語るなら、次のようでしょう。旅人が乗る船は、悪なる実体へと行き先がいわば自動操縦装置によって決定されている船です。この船に乗る旅人には、もはや航路を選択する自由はありません。風を読み、天体の位置を読み、経験を活かして航路を模索し決定する力、すなわち思考する力などそこには必要とされないのです。しかし先述のように、アウグスティヌスが新プラトン主義に基づいて語ったこの祖国への帰還の例は、そのような話ではありません。なぜなら彼は、悪は非存在、無だと解釈しているからです。悪が実体のない深淵であるということは、私たちには、そこに必ずしも屈従させられない、選択の自由が残されているということです。旅人は、常に自ら航路を選択し続けなければならないということです。

じっさいアウグスティヌスは『自由意志論』において、人間の自由な意志決定に悪を生み出す原因があると論じています（1・1―4章参照）。人は一方で存在を求め神を求めることも、他方で神を求めずこの世のものに耽溺し、思考停止することも選択可能です。選択可能であるにも拘らず、後者を選択するところに、人が悪の深淵に陥る契機があるとアウグスティヌスは指摘しているのです。こうしたアウグスティヌスの理解を、アーレントは正確に捉えています。

〔アウグスティヌスは、〕最終的に人間の行動を決定する究極の統一的な意志を**愛**として規定している。（『精神の生活（下）第二部 意志』佐藤和夫訳、岩波書店、一九九四年、116頁）

自発性という自由は、人間の条件の確固たる一部である。この精神的な器官は**意志**である。（同、134頁）

意志は、祖国へ向かうか、祖国へ向かうことをやめるかを選択する心です。それは、神を愛するか、そして隣人を祖国へ向かわせる仕方で愛するか否か、の選択です。またそれは、思考し続けるか思考停止するかの選択でもあります。神と隣人を愛することは、誰もがどのような状況下にあっても選択することができる意志であることを、シュミットをはじめとする人びとの生き方が証ししています。アウグスティヌス同様、悪を語りつくせない「思想を拒むもの」とみなすアーレントもまた、どのような状況下にあっても人には自由な選択意志が残されているということを重視しているのです。そのことが、彼女に、アイヒマンの「思考停止」と対立するものとして、シュミットの例を語らせていると思われます。

このように、アウグスティヌス、そしてアーレントは、この人間に与えられた自由意志というものの存在に、人が悪の深淵から逃れうる希望を見出しています。このように見てきますと、どうでしょう。「はじめに」で述べたように、希望は私たちの幻想の中にしかない、儚い存在でしょうか。消えたり現れたりする蜃気楼のようなものでしょうか。むしろ私たちが今、意志をもつ一人の人間として存在していることそれ自体が、希望の存在を証ししていると言えるのではないでしょうか。

アイヒマンが思考停止したとき、いやアイヒマンに限らない、人が思考停止したとき、何が起こったでしょう。まさにそこに、「ホロコースト」という言葉で名指される悪の深淵（根源悪）が現象しました。実体として現れたのではありません。まさに、人をのみ込む終わりない深淵として、とうてい語りつくせない、無限の痛み、苦しみとして現れたのです。しかしこの、語りつくせない悪の深淵を、語りつくせないものとして語るのをやめることもまた、思考停止に他なりません。「思考を拒むもの」を思考し続けるという逆説的な緊張の中に、アーレントは人間の希望を見出しました。先述のように、私たちは、アーレントが著したかのルポルタージュ、あるいはそのアーレントを描いた映画という表象から、一つの共通理解を得てはいませんでした。それはそれらの表象が、語りつくせないものを語ろうとする逆説的な営みであるからなのではないでしょうか。その営みを受け取った私たちが、思考停止するか、あるいは共通理解を得ることを放棄せず互いに語り合い、思考し続けるか。希望の存在の証人となるのは、私たち自身なのかもしれません。

注

（1）二〇一四年に公開された映画『アクト・オブ・キリング』も、「悪の正体とはなにか」を描いた映画でした。この映画は、一九六〇年代にインドネシアで起こった大虐殺の加害者を追ったドキュメンタリーです。わたしが映画館に足を運んだ日は平日であるにも拘らず満席で、他日には映画館の前に行列ができたと聞きました。この映画のポスターやパンフレットには、「悪の正体とはなにか」という言葉がキャッチコピーとして書かれています。映画『ハンナ・アーレント』と共通する問題がそこにはあります。

（2）「根源悪が測り知れず人間的概念で説明され得ぬ虚無であると先に述べたが、その無に自由の決断の底知れぬ説明できない無が対応するのではないか」。宮本久雄「根源悪からのエクソダス――自由な人格のペルソナーレ（呼びかけ）に向けて」（『福音と世界』新教出版社、二〇一四年七月号、33頁）。

善人の希望――W・ベンヤミンの歴史観

ホアン・アイダル

本稿では、現代のユダヤ人思想家ヴァルター・ベンヤミン（一八九二―一九四〇年）[1]の考えを提示したいと思います。私が個人的に非常に惹きつけられる思想家たちは、私が求めてきた問題へ何らかの回答をもたらしてくれ、おそらく皆さんにも同様のことが起こるでしょう。ですから、ベンヤミンの考えを提示する前に、彼によってその解決を助けられた問題とは何かを教えましょう。最適な表現ではないかもしれませんが、それはひとことで言うなら「善業・善い行いの意味」という問題です。

私は司祭です。まだ歳若い頃に修道生活に入り、神と人のために命を捧げたいと熱望しました。修道生活に入る前、大学に入ろうと思った時、何を勉強しようかとても迷いました。なぜなら、好きなこと――文学・音楽・建築など――が沢山あり、何を選べばよいか分からなかったからです。

その一方で、自分自身に言い聞かせるのが常でした――一度限りの人生を無駄に費やす必要はない、この唯一の命をあまり価値のないもののために用いる必要はない、と。だから、意味のある貴重なことの為に命を捧げたいという強い望みを持っていたのです。したがって、何を勉強するか決めることも、私にとって重大なことでした。

その頃、初めて修道生活への呼びかけを感じました。修道生活は、私が探し求めてきたものだと絶対的に確信しました。私は神のために生きること以上の、貴い道を想像できませんでした。そうして十八歳の時イエズス会に入りましたが、山ほど望みを抱えて——たぶん少し幼なげだったでしょうけど——神のために何か大きなことをしたいと願っていたのです。

イエズス会に関しても、修道生活に関しても落胆しませんでした。しかし、自分のことに驚き、落胆しました。まず最初に直面したのは、自分の限界でした。例えば、ノヴィス（修練者）の時期には非常に貧しい人々の住む場所へ頻繁に通い仕事をしましたが、そうした場所へ行った日は決まって悲しく満たされない気持ちで修練院に帰りました。自分は隣人に何もしてあげられなかった、辛い生活を送りながらも信仰に満ちた人々に、何も話したり教えてあげたりできなかった、と気づかされたからです。私より苦しんでいる人々の方が、私より神を信じていました。このことは、私に託された仕事のほとんどにおいて起こりました。自分は何もできなかった、少なくとも神のために大切なことは何も、と。

時が経つにつれ修道生活に慣れてくると、この人間存在の卑小さの問題は、自分が思っているよりずっと深いものであると理解するようになりました。経験のなさは時間の経過によって解決しますが、私たち人間存在の小ささはそれとは違います。そして、そこにこそ真の問題があります。善はいつも小さいから、神のために何か大きなことはできません。悪は大きいが、善は小さい。善人の人生はいつも隠れた人生であり、ほとんどの人が気づかない人生です。

幼きイエスの聖テレジア（リジューのテレーズ）はよくこう言っていました。「大きな聖人はいません、聖人たちはいつも小さいのです」。おそらく、これは善の小ささを物語っていると思われます。私が司祭に叙階される前に黙想指導を受けていた時、どれほど善意があっても世界は変わらないと感じ、心に深い悲しみを覚えました。大半の人々は、宗教にも善にも無関心です。聖人たちでさえ世界を変えることができなかったならば、私に何ができるでしょうか？　私の人生は、非常にうまくいったとしても無駄に費やされるだろう、と思いました。

しかしながら、目に見える実を世界に生み出さない人生を送ることには意味があるでしょうか？「善の小ささ」とは、美しく敬虔な語句それ以上のものでしょうか？　正直に言って、目に見えない行いには意味があるのでしょうか？　これは世界のために良いことをしたいと願っている多くの人々の心の中にある疑いです。

数か月前、私はあるカルメル会修道院に講話をするため短期滞在しました。シスター達の聖性を間近にし、心動かされました。けれども多くの人は、観想修道会の禁域にこもって生活していることのような人々の群れを目にしたとき、正直なところ「このように世間から隠れて生活することに意味があるだろうか」と自問するのではないでしょうか？

こうした問いかけをテーマに、これから「善の意味の問題」について、もしくは「義人の希望」ということを述べていきたいと思います。

ベンヤミンの第一の回答――権力者の歴史と善人の歴史

歴史の意味と善業の問題は、ヴァルター・ベンヤミンの思想の中心的な問題だと言えます。私はベンヤミンの思想の専門家ではありませんが、彼の著作を読んだところでは、ベンヤミンの作品には、私たちが抱えている問題に対して少なくとも二つの回答が存在します。まず、一つ目の回答を紹介しましょう。

彼の若い頃の著作から最後に著した作品に至るまで、ベンヤミンには二つの並行する歴史観が様々な形式において存在し続けています。それは勝者の歴史と敗者の歴史です。おそらく、より良く言うなら、権力者の歴史と善人の歴史です。

ふつう私たちが子供の頃から歴史の本や教科書を通じて学ぶのは、権力者ないし勝者の歴史に他なりません。歴史の本で言及される歴史の典型的な主役たちは、当然ながら権力者であり、大抵の場合、勝者です。ユリウス・カエサル然り、織田信長、ナポレオンなどです。仮にガンディーが歴史の教科書に登場するならば、それは彼が善人だった故ではなく、ただ単に彼の平和主義的革命が成功した故だけです。もしもカルカッタのマザー・テレサがあんなに沢山の看護施設を建てず、彼女の言葉や慈善行為が世界に知れ渡らないとしても、マザー・テレサが聖女であることには変わりはないでしょうけれど、どんなマスメディアにも登場しないでしょう。

もし歴史家たちに尋ねるなら、彼らの大半は確かにこう私たちに言うでしょう、歴史の本で取り上げている歴史は勝者の歴史でも敗者の歴史でもない、単なる客観的な歴史であり、世界で起こった事を人間的な解釈を交えずに綴ったものであると。

ベンヤミンの考えでは、これは誤りであり、よりよく言えば、嘘であるとされます。歴史の教科書で取り上げられる歴史は、暴力や武力、とりわけその勝利によって変えられると考える人々を物語る歴史です。ベンヤミンによりますと、普通「客観的な歴史」と呼ばれているものは、世界の救済の主観的で、しかも間違った理解に過ぎません。

それゆえ、ベンヤミンは「歴史主義(2)」と呼ばれる思想を批判しています。歴史主義は、資料に基づき「客観的」歴史を語ることを意図しています。この方法で歴史を語るなら、歴史家が出来事の解釈に介在することはないか、最小限に抑えられる、と推測されています。

ランケやトライチュケからマイネッケに至るまで、歴史主義はドイツ歴史記述学派の公式教義だった。その方法論的定理は、一九世紀に理解されていたような自然諸科学から借用されていた。すなわち、「事実」の客観性への信仰であり、純粋に帰納的な方法への依拠であるが、前者の信仰においては、「科学的事実」をモデルとして歴史的事実が考えられており、後者の帰納的方法はというと、諸事実を蓄積してそこから客観的諸法則を、それも事実そのものの客観性と同じくらい確実な客観性を有した諸法則を引き出そうとする。この二重の信仰は歴史主義の方法を厳密に実証主義的なものとして定義していた。とはいえ、この方法は歴史的時間についてのある見地、もっと一般的にはひとつの歴史哲学をも同様に含んでいた。歴史主義は歴史的時間を物理的時間、もっと正確にはニュートン的時間に則って考えていた。言い換えるなら、連続的であると同時に線形的な媒体としてであるか、そこでは、原因と結果の無際限な連鎖が断絶なく展開されるのだ。……他方、歴史主義の方法の「科学的」性質はというと、客観的なものとみなされた過去認識（とは言わないまでも、客観性に肉薄しうるような過去認識）を科学主義に保証するもので、この性質が、過去の真実の再構築、言い換えるなら、過去の出現を説明してくれるような諸条件の総体の再構築という理想へと向かうことを科学主義に許容するのだ。……まずは観察者の視点への一切の顧慮を非科学的なものとして排除する、そのような手続きへの信仰をつうじて、歴史主義は、みずからの探究の理想的終点として、それを前にして歴史的対象それ自体が消失してしまうような真理の場所として、歴史的対象を構成する。この意味では、どんな歴史的対象も、その諸規定の全体がひとたび理解されると、歴史主義にとって真理を有している。その結果、歴史的相対主義が生じるのだが、それが歴史主義の歴史哲学を最も深いところで特徴づけているのである。

（ステファヌ・モーゼス『歴史の天使——ローゼンツヴァイク、ベンヤミン、ショーレム』合田正人訳、法政大学出版局、二〇〇三年、100—102頁）

これまで辿ってきたように、ベンヤミンの考えによると、歴史主義は、歴史上の出来事を客観的に語るどころか、自然的進化のモデルに従って人間の歴史を理解するものであるとされます。自然的な進化や歴史において唯一の関心事とされるのは、目に見える結果です。「目に見える結果」と呼ばれるものは、力の増大に他なりません。

また、この歴史主義の方法による歴史の理解は、私たちの人生観・生命観に大きな影響を及ぼします。まず初めに、小さなものや弱いものに価値を見出そうとすることを妨げます。もし唯一の関心事が力による進化や結果だとしたら、取るに足らない小さな者、隠れた行為、誰も評価しないようなことの存在にはどんな価値があるでしょうか？　このような観点から歴史や人生・生命を見ている人は多いのです。そして、聖人たちは善意にあふれた理想主義的な人物であるものの、社会や歴史に何も現実的影響を及ぼさなかった、と考える人も多くいます。

続いて、自然進化の型に従って人間の歴史を理解するときに派生する第二の帰結は、悪の相対化です。この歴史観における唯一の関心事は目に見える結果であるため、あらゆる残虐行為、あらゆる罪が相対化されるおそれがあります。自然の進化においては、自然界の多くの種の絶滅とあらゆる残虐性が正当化されるように、最悪の罪でさえ歴史の総体的な流れの中で「必要悪ないし不可避の悪」のようにされてしまうのです。

一例を挙げましょう。一九九六年、当時アメリカの国務長官であったマデレーヌ・オルブライト女史があるテレビ番組に出演し、アメリカとイラクの関係について話していた時のこと。番組の司会者から、こう尋ねられました。「アメリカがイラクに対して行った経済制裁によって、これまでに五十万人の子どもが死んだと聞いています。これはヒロシマより多いと言われています。それだけの犠牲を払う価値がある行為なのですか?」。国務長官は次のように返答しました。「大変難しい選択だと思います。でも私が思うに、その代償はそれだけの値打ちがあるのです」("I think that is a very hard choice, but the price, we think, the price is worth it")。

ある人が、「進歩」という目的の下で苦しんだ人すべてを忘れることなく、またその名の下で隷属させられ殺害された人すべてを忘却せずに歴史を見るとき、歴史はただ恥辱を感じるしかないカタストロフィだと気づかされます。

「新しい天使《アンゲルス・ノーヴス》」と題されたクレーの絵がある。それにはひとりの天使が描かれていて、この天使は、じっと見詰めている何かから、いままさに遠ざかろうとしているかに見える。その眼は大きく見開かれ、口はあき、そして翼は拡げられている。歴史の天使はこのような姿をしているにちがいない。彼は顔を過去の方に向けている。私たちの目には出来事の連鎖が立ち現れてくるところに、彼はただひとつの破局《カタストローフ》だけを見るのだ。その破局はひっきりなしに瓦礫のうえに瓦礫を積み重ねて、それを彼の足元に投げつけている。きっと彼は、なろうことならそこにとどまり、死者たちを目覚めさせ、破壊されたものを寄せ集めて繫ぎ合わせたいのだろう。しかし楽園から嵐が吹きつけていて、それが彼の翼にはらまれ、あまりの激しさに天使はもはや翼を閉じることができない。この嵐が彼を、背に向けている未来の方へ引き留めがたく押し流してゆき、その間にも彼の眼前では、瓦礫の山が積み上がって天にも届かんばかりである。私たちが進歩と呼んでいるもの、それがこの嵐なのだ。

（「歴史の概念について IXテーゼ」『ベンヤミン・コレクション1』浅井健二郎編訳、ちくま学芸文庫、一九九五年、653頁）

歴史主義は、悪を相対化したり正当化しつつ、小さな者の価値を考慮させないため、ベンヤミンは十九世紀において歴史主義は「麻酔的に強力であった」と語っている。

フロベールは、「カルタゴを蘇らせるのにどれほどの悲しみを味わわねばならなかったか、それを推し量る人は少ない」と書いている。歴史主義の歴史記述者はそもそも誰に感情移入しているのか、という問いを立ててみれば、この悲しみの本性がいっそう明瞭になる。勝利者に、と言う以外に答えようがない。だが、そのときどきの支配者とは、それ以前に勝利を収めたすべての者たちの遺産相続人にほかならない。したがって、勝利者への感情移入は、いつも、そのときどきの支配者に役立っているのだ。これだけ言えば歴史的唯物論者には十分である。今日に至るまでそのつど勝利をかっさらっていった輩《やから》はみな、いま地に倒れている者たちを踏みつけて進んでゆく今日の支配者たちの凱旋行列に加わって、ともに行進している。この凱旋行列のなかを、いつもそうされてきたように、戦利品が伴なわれて行進する。戦利品は文化財と呼ばれる。これらの文化財は、歴史的唯物論者が冷徹な距離を保った観察者であることを、覚悟していなければならないだろう。というのも、この観察者がそのまなざしに見てとる文化財は、どれもこれも、ぞっとせずには考えることができない素性のものなのだ。

（「歴史の概念について Ⅶテーゼ」『ベンヤミン・コレクション1』、650—651頁）

だからこそベンヤミンは、私たちが視点を変えるために、「敗者たちの歴史」と呼ぶものを選択するよう薦めているのです。おそらく、「敗者たちの歴史」というよりは「善人たちの歴史」と呼んだほうがより適切であることでしょう。ベンヤミンが用いた「敗者」という言葉が想定しているのは、弱い人はみな善人であると限らないとはいえ、善人はみな確かに弱い人であり、ある意味で敗者だと言えるだろうということです。

このような伝承によって構築された過去のイメージを、ベンヤミンは「勝者たちの歴史」と呼んでいる。この歴史を特徴づけているのは、それが世代から世代へと伝達されていく際の連続性である。実際、かかる連続性は、歴史が確実に持続するために不可欠な条件である。

歴史が繰り返し審問されうるためには、歴史記述的伝承の連続性がある地点で断たれるのでなければならない。まさにこの地点に歴史家は介入して、過去へと新たな眼差しを投げかけ、「敗者たちの歴史」を忘却から救い出そうとする。その場合、歴史家が解する意味での歴史の構築は「無名の者たちの記憶に献じられる」ことになるだろう。歴史的展望のこの根底的変化、忘れられた者たちの記憶を引き受けようとするこの意志はたしかに、この語の最も広い意味で政治的と呼びうるような態度決定の帰結ではあるが、ベンヤミンにとっては、それは同じく倫理的決断としても呈示されている。

（『歴史の天使』、157頁）

善の観点から歴史を解釈することは、まさにすべての預言者たちの任務です。ベンヤミンの考えによれば、預言者だけが歴史の意味を理解することができます。預言者であるとは、魔術師や占い師であるのと同じではありません。タルムード[3]の書物には、魔術師は殺すように、預言者は試してみるように、薦めているものがあります。

「あなたは魔術師を生かしてはならない。それにたいして預言者については、彼が預言したしるしが現れるかどうかを吟味せよ」とトーラーは命じている。

魔術師や占い師は、これから起こることを知ることができる者です。それに引きかえ、預言者は出来事の意味を知ることができる者です。もし仮に、イエスが受難の前に占い師に相談したとしたら、自分の死を予告されたことでしょう。しかし、預言者だけが、パレスティナの辺境で十字架にかけられた彼の死が全世界に救いをもたらすと予告できたでしょう。

例えば、遅かれ早かれ、アメリカは再びイラクや中東諸国のどこかを攻撃するということを知るために預言者を必要とはしません。占い師や歴史家であればそのぐらいのことは分かるからです。しかし、たとえいつか暴力がイラクに民主主義や経済的豊かさをもたらす時が来ても、人間の救いや改善にそれらが何も貢献しないということは預言者しか知らないのです。

したがって、現在を政治的に理解するためには、ある意味では未来を予期しなければならない〔anticiper〕。とはいえ、ここにいう予期は予言〔prédiction〕の秩序に属してはいない。あたかも将来が不可避的に現在に刻印されているかのように。むしろなすべきは、チェスの指し手が盤上の駒の配置を読むような仕方で、言い換えるなら、この配置に含まれた不確実な展開をあらかじめ勘案しつつ、現在を判読することなのだ。すでに乗り越えられて過去と化した状況の反復もしくはその痕跡しか現在のうちに決して発見することのない、現在についての愚直な、言い換えれば非政治的な知覚とは反対に、与えられた星座＝配置の政治的読解は、この星座＝配置を未来の方向へといわば一齣分移動させるような読解となろう。ここで予言〔prophétie〕について語ることができるとしても、ベンヤミンの書くところでは、「かかる予言は未来を予言するのではない。それは、今鳴ったのが何時なのかを示すだけで満足するのだ」。このようなものはまた、ベンヤミンにとっては、本来的な歴史的認識の審級でもある。

（『歴史の天使』、154—155頁）

預言者が見る歴史と占い師が見る歴史とは、実際ほとんどの場合において異なります。預言者的に歴史を見るか、占い師のように見るか——その間にある相違を理解する助けとなる例は、イスラエルの人々のエジプトからの脱出の出来事です。この出来事は彼らにとって普遍的な歴史の中で最も重要な出来事として扱われ、三千二百年前から連綿と、今日においてでさえ非常に重要な出来事として想い起こされ続けています。しかしながら興味深いことに、これほど重要な出来事なのに、「公的な」歴史の記録には実際何も残っていません。私が読んだところ、古代エジプト王国へのイスラエルの人々の入植を示すような何らかの文書はあるものの、彼らの出国を証しする文書は見当たりません。

預言者たちにとって出エジプトの出来事は歴史の中心的な出来事ですが、歴史家たちにとっては何の重要性も顧みられない出来事として扱われます。疑いなく、預言者たちか歴史家たちのどちらかが、歴史の見方を決定的に誤っているのです。

エジプトの歴史家は、ベンヤミンが「勝者の歴史」と名付けた視点しか私たちに与えません。エジプトの歴史家は、世界の歴史家たちが行っているのと同様なのです。つまり、歴史上目に見える痕跡を残さない弱い人は歴史の発展に何も影響を及ぼさなかった、と推定するのです。

カフカの作品に「隣り村」という題の短編があります。この短編をよく知っているベンヤミンは、この作品に関するコメントを記しています。「隣り村」という文章は、歴史主義者たちの歴史を笑いの種にしており、「預言者的に」出来事を考察することの意味を深めるのに役立つと思いますので引用します。

祖父は何かにつけてこういっていた。「人の一生が短いのには呆れるほどだ。今になって振り返って見ると、一生がまるごと、ぎっしりと固められた小さな団子のような気がする。だからわたしにさっぱり見当がつかぬのは、たとえば、どうして若い者が気がかりもなしに、隣り村へ馬に乗って出かけようなどという料簡を起すのかだ。気がかりなはずだろうがな、――思いがけぬ事故が起きるのは考えずにおくとしても――大体、平穏無事に過ぎて行く一生の時間というものさえ、そんな旅行のためには、お話にならぬほど不足しているのだ。」

（「隣り村」『決定版　カフカ全集1』新潮社、一九八〇年、112頁）

この物語に登場するお祖父さんはある種の預言者です。なぜなら、歴史を「客観視する」歴史家とは絶対的に異なる視点から見なければならない、と説明しようとする人物だからです。異なる視点から見ると、出来事の論理は変わり、物理的ないし自然の法則とは必ずしも一致しません。

「隣り村」のコンテクストにおいて、「ユートピア」という言葉が用いられています。ベンヤミンが言うには、詩人と革命家と預言者は出来事に存在するユートピアを物語ることができます。とはいえ、気をつけなければならないのは、ベンヤミンにとってユートピアという言葉は、伝統的な捉え方――完全な未来の王国が歴史上に「進歩へ向かう漠然とした傾向」を生じさせるもの――ではなく、歴史上に既に存在する善を指し、その大半の場合は弱者や蔑まれた人々の様相を呈するため隠される、とされるものです。

一九一四年の著作「学生の生活」のなかで、彼はユートピアを進歩に置き換える人々の考えを批判しています。

〈時間の無限性を信じて、人間や時間のテンポだけを区別し、人間や時代は、速い、遅いの違いはあれ、進歩の軌道上をころがってゆく〉とする歴史観がある。この歴史観が現代に対してなす要求も、そのような考え方に見合って、支離滅裂で、的確さと厳密さを欠いている。以下の考察の関心は、これとは逆に、ある特定の状態に向けられている。それは、つまり、歴史が――昔からさまざまな思想家たちが抱いてきた、ユートピア的なイメージにおけるように――ひとつの焦点に収束して安らっている、という状態である。この究極の状態を構成する根本的な諸要素は、無形の進歩傾向として露わになっているのではなく、このうえなく危険にさらされた、きわめて悪評の高い、嘲笑された作品や思想として、あらゆる現在のなかに深く埋め込まれている。安全性の内在するこの状態を、純粋に、絶対的な状態へと形づ

> くること、完全性の内在するこの状態を、現在において、目に見えるものに、かつ支配的なものにすること、これが歴史の課題なのである。この状態は、しかし、個々の事柄（もろもろの制度や慣習といったもの）の実用主義的な叙述をもってしては、表現されえない。あるいはむしろ、そのような叙述を忌避する。そうではなく、この状態は、メシアの国やフランスの革命理念のように、ただ、その形而上学的な構造においてのみ、把握することができるのだ。（『ベンヤミン・コレクション5』浅井健二郎編訳、ちくま文芸文庫、二〇一〇年、67―68頁）

蔑まれた様相を呈する歴史的出来事のうちに善が存在するというこの発想の背後には、ベンヤミンが感化されていたカバラの影響が顕著に窺えます。カバラ（ユダヤ神秘主義）は十三世紀にスペインで生じた思想運動です。ベンヤミンの友人であった、カバラの研究者であるゲルショム・ショーレムは、とりわけ「偽メシア」と呼ばれていたサバタイ・ツヴィ（一六二六―七六年）[4]について研究していました。サバタイ・ツヴィは十七世紀のカバリスト（カバラ主義者）で、大勢の追随者・信奉者を結集しようと企んだものの、最終的にユダヤ教を棄教しました。

興味深いのは、ツヴィも彼の追随者・信奉者たちもこの棄教を神から受けた使命として解釈したことです。モーセと同じように、ツヴィは山に登り、神から十一番目の戒めを授かり、そこには「元々の十の戒めには従わず、律法を違反とするように」と記されていたそうです。悪のうちに善が存在することは、ベンヤミンが生涯にわたって真剣に取り組んだ観念です。

ベンヤミンの第二の回答――メシア的瞬間

ベンヤミンの著作物には、私たちが論じ、扱ってきた「歴史の意味と善業の問題」に対する第二の回答があります。二番目の回答において、ベンヤミンは二つの並行する歴史（権力者の歴史と善人の歴史）ついては語らず、彼自身が名付けた「メシア的瞬間」について述べています。ベンヤミンはそれに関する彼の考えを説明するために、いつものように多くのイメージや語句を用いています。

歴史は、進化の不可逆的運動を証示するどころか、時間の各瞬間において絶えず再開されるある闘争の場所である。ここにいう闘争とは、（『諸天体による永遠性』でのブランキ〔一八〇五―一八八一〕によって例証されたような）〈同一者〉の不断の回帰への強迫的傾向と、無数の可能事の只中での絶対的に新たなものの出現とのあいだの闘争のことで、ベンヤミンはこの絶対的に新たなものを〈救済〉と名づけた。かかる闘争の結果はつねに不確実だが、歴史家は、過去の各瞬間に合まれた根底的な新しさの部位を解き放つべく努力することで、こうした闘争のなかに介入する。歴史の運命はしたがって歴史家にとっての現在に懸かっている。そして、この現在こそ〈最後の審判〉の真の場所なのである。ベンヤミンは『歴史の概念についてのテーゼ』の準備的覚書のなかで書いている。「私が出会うであろう者は誰でも、そのような者として裁かれるだろう」という福音外典の言い回しは〈最後の審判〉に奇妙な光を投げかけている。この言い回しは、〈最後の審判〉を毎日開かれる軍事法廷とみなしたカフカの箴言を思わせる。けれども、福音外典のこの言い回しはそれ以上のことを語っている。それによると、〈最後の審判〉の日は他の日々といかなる点でも区別されないのだ。

(『歴史の天使』、158頁)

彼の著作中様々に現れるイメージ[5]のひとつは、星々のイメージです。ベンヤミンによれば、善い行いは夜の空に輝きながら、夜の絶対的な力を疑わせる「星」に喩えられることができます。さらに星々は、歴史の流れと対照的に、不動で永遠なもののイメージです。出来事は通り過ぎるものの、善は通り過ぎません。それゆえ、善を行う者は永遠なるものに基盤を置く生き方を通して、いわゆる「歴史的進化」に人生の基盤を置いてきた人々を批判するのです。

そのため、ベンヤミンの若い頃の著作と異なり、「メシア的瞬間」を述べるにあたって「善人の歴史あるいは善の歴史」という表現はふさわしくありません。「善」に留まるということは、いつも同じ場所、または同じ瞬間にいることです。永遠に変わらないものに根をおろしながら、永遠に変わらないものの証しを立てることです。

ベンヤミンの著作において、善と歴史の間にある関係を叙述するために現れる別の美しいイメージは、各自が持つ「固有の名前」です。

名を与えることによって、両親はその子供たちを神に捧げる。生まれてきたばかりの子供を名づけるのであるから、ここで彼らが与える名前に符合するのは——語源的にではなく形而上学的に理解するなら——認識ではない。厳密にいうならば、いかなる人間も名に（その語源的意味に即して）符合してはいない。それは固有名が、人間の音声となった神の言葉だからである。固有名によってすべての人間に、神により創造されたことが保証される。そしてこの意味で、固有名そのものが創造するものであるのだ。このことを神話の知恵は、名は人間の運命であるという（稀ならず見出される）直観のかたちで語っている。固有名とは、人間が神の創造する言葉と結ぶ共同性にほかならない。

（「言語一般および人間の言語について」『ベンヤミン・コレクション1』、24—25頁）

言語学者によると、単語はある文脈に由来し、その文脈から意味をもらうとされます。しかし、両親が子供に与える「名前」は文脈に由来しないユニークな意味を持っています。同様に、善良な人間であるということは、ユニークな名前を持つことであり、その名前の価値はどんな文脈にもどんな全体性にも依存しません。歴史の進化は、善い行いや善い人生の価値を審判するには値しません。それゆえ、究極の審判者はこんなことを尋ねないことでしょう。「あなたの人生は属していた国や会社・組織や時代が発展するようにどんな貢献をしましたか？」と。その代わり、「あなたの人生は善に対して誠実でしたか？」あるいは「あなた自身の名前に忠実でしたか？」と訊くことでしょう。

ベンヤミンが言うには、善良な人々は、カバラで語られるところの「新しい天使たち」に似ています。これらの天使たちは、神の玉座の前でその栄光を一瞬歌うというユニークな使命を有します。その後は永久に消えてしまうのです。これらの天使たちはまた、歴史の進化をほんの一瞬遮って、永遠なるものを証しするという預言者的使命を果たします。

「私がベルリンで住んでいた部屋のなかでは、このもうひとつの名前の（……）肖像画――新しい天使――が壁に懸けられていた」、とベンヤミンは書いている。ただし、この天使はベンヤミンの歴史哲学にとっての中心的直観を象徴的に表してもいた。彼はこう付け加えている。「カバラが物語るところでは、神は各瞬間に数多の新しい天使を創造するのだが、これらの天使の各々はただひとつの機能しか有していない。無のなかに消滅していくに先立って、神の王座の前神への讃歌を一瞬だけ歌うことがその機能である。自分の名前を私に明かすのを承諾するに先立って、新たな天使はこれらの天使のうちのひとりとして私に現れた」、と。ベンヤミンにとっては、〈歴史〉の意味はその進展の過程のうちで開示されるのではなく、その外見上の連続性の断絶のうちで、その亀裂と偶発事のうちで開示されるのであって、そこでは、予見不能なものの突然の出来が歴史の流れを中断し、そうすることで、一瞬のうちに、根源的真理の断片を啓示するのである。

（『歴史の天使』、119頁）

歴史を考察する方法として私が個人的に非常に気に入っている表現は、歴史の各瞬間に訪れるメシアのイメージです。

メシアニズムは線的で連続的な時間の果てで生じるであろう絶頂への待望としてではもはやなく、時間の各瞬間に与えられた、新たなものの到来の可能性として認知される。ユダヤ人たちにとっては、「各秒が、そこを通ってメシアが入って来うる狭き門だった」のである。

(同、184頁)

ユダヤ人にとって、メシアの到来は世界の救済と審判を表します。一方、よく知られているように、ユダヤ教ではメシアの到来を理解する様々な方法があります。例えば、メシアは歴史の終わりに世界を救済し審判する為に現れるだろうと考える人もいれば、メシアは歴史上に何度も様々な方法で現れると考える人もいます。後者の好例であるタルムードでは「各時代がメシアを持つ」とか、「メシアの到来に関してこの日あの日という違いは無い」と言われています。こうした考え方でベンヤミンはメシアの到来を理解していたようです。すなわち、歴史の終わりに現れるかの人としてではなく、善い行いが実践される度に出現している方としてです。善い行いの一つひとつが世界の救済の瞬間（すなわち、世界が神様のお考え通りになる瞬間）であり、裁きの瞬間（すなわち、「勝者の歴史」に希望を置く人みなに作用するやり方へのラディカルな批判の瞬間）です。

これまで述べたことを理解する助けとして、二つの文章をもって締めくくりたいと思います。はじめの文章はユダヤ系哲学者エマニュエル・レヴィナスから、二番目はバビロニアのタルムードからの引用です。

メシアとは受苦する義人であり、メシアは他人の苦難をわが身に担う。……だからすべての人はメシアなのである。……メシアニズム、それは以上のことからわかるように、「歴史」を停止させる人間の到来を確信することではない。それは万人の苦難を引き受けることが私にはできるということである。それが私が自分のこの能力と自分のこの普遍的責任を自覚する瞬間のことである。

（E・レヴィナス『困難な自由』内田樹訳、国文社、一九八五年、118頁）

ラビ・ヨシュア・ベン・レヴィは、ある日、預言者のエリヤと会う幸運に恵まれました。預言者エリヤは、周知の通り、メシアの先駆者です。ラビ・ヨシュアは、彼の関心に値するただひとつの質問をします。「メシアはいつ来るでしょうか」。預言者エリヤは、答えることができません。彼は部下に過ぎないのでしょう。――「ならばメシア自身に聞きに行け」――「何処におられますか」――「ローマの門におられる。苦しむ義人たちのあいだにおられる、傷だらけの乞食たちのあいだにおられる」。

（バビロニアタルムード『サンヘドリン』98ａより）

結論

このようにヴァルター・ベンヤミンの思想には、歴史の問題と善業との関係に対して少なくとも二つの回答が在ると言えるでしょう。

第一の回答には、マルキストが歴史を理解する方法がベンヤミンに作用した影響を明確に認められます。そこでベンヤミンが語るのは、一つは力から生まれる歴史、もう一つは善から生まれるという二つの並行する歴史が存在するということです。力がうち建てる方を、ベンヤミンは「勝者の歴史」と名付け、善から生まれる方を「敗者の歴史」と呼んでいます。

ベンヤミンの考えでは、力がもたらす進歩は虚偽の進歩です。戦争と暴力を通じて、帝国的支配とその建造物は進歩するものの、人間らしさに関する進歩は皆無です。それゆえベンヤミンは、「敗者の歴史」において働くように、つまり、直接目に見える結果には気を留めず、善をもたらすすべての物事に寄与する歴史のために働くよう私たちを招いているのです。

ベンヤミンはまた、これら二つの歴史は必ずしも並び立って進行しているわけではなく、多くの場合対立し合っているということも気づかせてくれます。「勝者たち」にとって重要な出来事や人物たちは、逆に「敗者たち」の関心を欠きます。預言者たちだけが、より良い世界の建設に役立つ善い行いの価値を識別できるのです。

さらに、ベンヤミンの思想には第二の回答が存在します。この第二の回答には、ユダヤ思想の影響がいっそう顕著です。第二の回答において、ベンヤミンはもはや二つの異なる歴史について語ろうとはしません。善は、ここでは「メシア的瞬間ないし救世者・主」と命名されています。ベンヤミンの考えでは、義人の使命は世界を裁き贖うことです。ユダヤの言語で表すなら、この世界へメシアの到来を実現させることです。

とりわけここで理解すべき大切なことは、ベンヤミンにとってこの裁きと救済は歴史の終わりに期待されるものではないということです。善い行いが実現されるごとに裁きと救済は起こるのです。ヘーゲルが考えていたこととは反対に、歴史が善良な人々の行為を審判するのではなく、善良な人々が歴史を裁定するのだとベンヤミンは考えているのです。

注

(1) ヴァルター・ベンヤミンは元々ユダヤ人のドイツ思想家であった。フランクフルト学派の思想家たちと協働したが、中心的なメンバーには決してならなかった。そして、マルキシズムやユダヤ神秘主義思想と出会い、思想を練り上げていった。後者は、主に友人のゲルショム・ショーレムの研究を通じて知った。彼の著作は、哲学やユダヤ思想から社会学や文学批評にまで及んでいる。

(2) 歴史主義と呼ばれている思想は、十九世紀に形成されたものである。人間的・社会的世界は生命の躍動のうちに生成・発展するプロセスであり、これを有機的全体として歴史のなかで捉えなければならないとの主張が生まれた。その始祖として、十九世紀ドイツの指導的歴史家であるレオポルト・フォン・ランケ

(Leopold von Ranke, 一七九五年十二月二十一日―一八八六年五月二十三日) を挙げることができる。実証主義に基づき、史料批判による科学的な歴史学を確立した。実証主義的な研究法と教育方法は、ドイツ国内のみならずイギリス、アメリカの歴史学に大きな影響を与えた。

(3) ヘブライ語で「学習、教理」の意。「タルムードはイスラエルの口頭伝承を転写したものでユダヤ教を信仰するユダヤ人の日常生活、儀礼および思想――聖書釈義を含む――を規定している」(レヴィナス『タルムード四講話』)。全六巻から成り、紀元二世紀に編集されたミシュナー、これを補遺するものとして五世紀に編まれたゲマラーにラシら中世の註解者の付記を含めたもの全体を通称して今日タルムードと言う。エルサレム版(またはパレスティナ版、四〇〇年頃完成)とバビロニア版(五〇〇年頃完成)の二種がある(レヴィナス『困難な自由』内田樹訳、241頁参照)。

(4) 近代ユダヤ民族史にもっとも影響を及ぼした偽メシアとして知られるユダヤ人。トルコのスミルナ(現イズミール)で生まれ育つ。少年期にカバラに目覚め、青年期には修得。預言者から救世主とみなされ、多くの信奉者を得た。一六六六年オスマン帝国で捕らえられ裁判にかけられた際、イスラム教に改宗し、ユダヤ社会に大きな波紋を投じた。追放先のアルバニアで客死。彼を救世主と信じた集団はサバタイ派と呼ばれ、急進的なメシアニズム(救世主待望論)を掲げて十七世紀半ばのユダヤ人社会を熱狂の渦に巻き込んだ。衰退後の十八世紀においてもツヴィの信奉者は継続的に一定の勢力を保ち、後に誕生したハシディズムに影響を与えた。

(5) 例えば、Goethes Wahlverwandtschaften (1922), Ursprung des deutschen Trauerspiels (1928)〔『ドイツ悲哀劇の根源』講談社、二〇〇一年〕, Das Kunstwerk im Zeitalter seiner technischen (1936).

ダライ・ラマ十四世の生涯と思想

髙山　貞美

はじめに

一九〇〇年、日本人として初めて西蔵《さいぞう》（チベットの一部、もしくは全部を指す呼称）に足を踏み入れた、仏教学者にして探検家の河口慧海《かわぐちえかい》（一八六六—一九四五年）は、帰国後に著した『西蔵旅行記』序に次のように記しています。

西蔵は厳重なる鎖国なり。世人呼んで世界の秘密国と言ふ。其果して然るや否やは容易に断ずるを得ざるも、天然の嶮に拠りて世界と隔絶し、別に一乾坤をなして自ら仏陀の国土、観音の浄土と誇称せる如き、見るべきの異彩あり。

（河口慧海『西蔵旅行記』上巻、ゆまに書房、一九八八年、5頁）

ヒマラヤの山々が天空まで聳え、外界から孤立したチベットを、慧海は「仏陀の国土、観音の浄土」と形容しています。神秘なヴェールに覆われたチベットは、英国の作家ジェイムズ・ヒルトンが書いた小説『失われた地平線』に登場する理想郷シャングリラのモデルでもあります。まるで時間の外に置かれたような異郷の住人は、普通の人たちよりもはるかに長寿で、しかも老いる速さはきわめて遅いとされています。

慧海が探訪したころ鎖国状態にあったチベットは、一九六五年に中華人民共和国のチベット自治区（および中国の諸省内の自治州）とされました。今回は、かつては野生動物の楽園であったチベットの大地に生まれ、現在はインド北部のダラムサラで暮らし、世界平和を希求するチベット仏教の最高指導者ダライ・ラマ十四世の生涯と思想について論じたいと思います。

1　ダライ・ラマ十四世の生涯

(1)誕生からノーベル平和賞受賞まで

ダライ・ラマ十四世は、一九三五年にチベット北東部の寒村タクシュに生まれます。三歳のときにダライ・ラマ十三世の転生者（生まれ変わり）と認定され、五歳でダライ・ラマ十四世（以下、多くの場合にダライ・ラマとのみ記す）として即位します。一九四九年、中国共産党によって中華人民共和国が建国されます。その後、中国との間に十七カ条協定が締結されますが、人民解放軍はチベットの首都ラサに進駐し、やがてチベット全土を制圧します（一九五一年）。一九五九年、観劇事件を機に中国当局との関係が険悪化し、ラサの市民たちによる武装蜂起が勃発します。中国側は徹底的な弾圧を加え、ダライ・ラマは国外亡命を余儀なくされ、チベットの民衆およそ八万人も祖国を離れてインドに亡命します。

ダライ・ラマは、インド北部のムスリーにチベット亡命政府を樹立し、翌年にはダラムサラに居を移します（一九六〇年）。一九八七年には米下院人権問題小委員会で「和平五項目案」を提案しますが、その一つはチベット全土を平和地帯に変えるというものです。チベット全土を「アヒンサー」地域（非暴力の聖地）にすれば、もともと平和で中立的な仏教国であり、歴史的にも大陸の列強間の緩衝地帯として機能してきたチベットの役割として最適であるとの考えです。また、翌年にはストラスブールの欧州議会で演説し、「実効的な自治のために、チベットの独立要求を放棄する」という構想を明らかにします。一九八九年三月、ラサで独立を求める大規模な暴動が起こり、戒厳令が敷かれます。同年六月、中国では民主化を求めて北京で天安門事件が起こります。

(2)ノーベル平和賞受賞スピーチ

一九八九年十月、ダライ・ラマは世界平和やチベット仏教・文化の普及に対する貢献が評価され、ノーベル平和賞を受賞します。オスローで開催された授賞式のスピーチの一部をここに抜粋します。

私はこの賞を、非暴力の活動をもって変革をめざすという現代的伝統の基礎を築いた人物、マハトマ・ガンディーへの賛辞としてお受けします。ガンディーの一生は、私に多くを教え励ましてくれるものでした。そしてもちろん、私はこの賞を六〇〇万のチベット人、つまりチベット本土の勇敢なるわが同胞――過去、現在にわたり多くの苦難を耐え続けてきている人々――にかわってお受けします。チベットの民族と文化の独自性が、計画的、組織的に破壊されようとしています。この賞は、私たちの武器である真実、勇気、決意の力でチベットは解放されるだろうという信念を確固たるものにしてくれます。……

……チベットと中国の関係が、いかなるものでも、平等、尊敬、信頼、互恵の原則に立つものでなければなりません。ということは、チベットと中国の賢明なる指導者たちが、西暦八二三年の昔に締結した条約の原則に立ち戻ることにもなります。その条件は、ラサにあるチベットで最も神聖な寺院であるチョカン寺の正面に、今なお立っている石柱（唐蕃会盟碑《とうばんかいめいひ》）に刻まれております。その中には、「チベット人はチベットの大地で幸福に暮すように。中国人は中国の大地で幸福に暮すように……」と記されているのです。

ガンディーの生き方に大きな影響を受けたダライ・ラマは、あらゆる活動の中心に非暴力（サンスクリット語で、アヒンサー）の思想を据えます。それは人間同士はもちろん、「生命あるものをことさらに殺すなかれ、傷つけるなかれ」という倫理的な戒めであり、生きとし生けるものを思いやる慈悲の実践の勧めです。古くからインドで培われてきたこのアヒンサーの精神が、ガンディーによって社会改革と国家独立に向けて政治的な意味で行使されたことは歴史的にも大変意義深いことです。

ガンディーの思想に共感し、ダライ・ラマもチベットの民族と文化の独自性を守るために、非暴力・平和主義の姿勢を鮮明に打ち出しています。彼が中国政府に求めるのは、チベットの独立ではなく、宗教的・民族的アイデンティティーが保持された自治区としての「高度の自治」です。つまり、国防と外交は完全に中国政府に委ねています。しかしながら、こうした要求も「分離・独立につながる」と一蹴され、拒絶されている状況です。

ところで、唐蕃会盟碑とは、中国の唐朝とチベットとの間に結ばれた和約を刻した碑のことです。宰相僧ペルギ・ユンテンの指導の下、長安とラサで行われた唐と吐蕃の和盟を記念し、八二三年に両都と国境に建てられたといわれていますが、現存するのはラサの大招寺《チョカン》庭前のもののみです。国と国との関係が「平等、尊敬、信頼、互恵の原則に立つ」のは、当然のことのように思われます。しかし、現実においてはそうでないことのほうが多く、国家同士の争いや対立がさまざまな不幸と悲しみを招いています。「チベット人はチベットの大地で幸福に暮すように。中国人は中国の大地で幸福に暮すように……」とあるように、自らの分をわきまえつつ他者の幸いを願う、祈りと希望に満ちた言葉は、決して軽くあしらわれてはならない重みのある言葉です。

⑶現在に至る社会的活動

一九九七年、ダライ・ラマは台湾を訪問し、五万人に及ぶ人々の前で説法します。二〇〇六年には、チベット自治区と青海省を結ぶ青蔵鉄道が開通します。漢民族の流入が加速し、チベットへの経済侵略が進行します。二〇〇七年、米議会はダライ・ラマに議会名誉黄金勲章を授与します。翌年、ラサで騒乱が起こり、三省に拡大します。二〇一一年、オバマ大統領がダライ・ラマと会見し、

「中国国内におけるチベット人の権利の保護」と「チベット固有の宗教的、文化的、および言語的伝統の保存」の重要性について声明を発表します。

ダライ・ラマは、一九六〇年代後半から世界各地を訪問し、各国の首脳陣、文化人、宗教者たちと親交を深め、世界平和を訴えています。ローマ教皇パウロ六世やヨハネ・パウロ二世とも会見しています。ちなみに、ダライ・ラマはヨハネ・パウロ二世の実践的な手腕を高く評価し、特にサンピエトロ広場で起きた暗殺未遂事件（一九八一年）の三日後に暗殺未遂犯をゆるし、しかも「兄弟よ」と呼びかけた態度は、疑いなく高い境地に達した宗教家であると賞賛しています。また、過去三十年以上にわたって、宇宙論、神経生物学、遺伝子工学、物理学、心理学などの分野で、世界の科学者たちと積極的に対話を行い、科学と宗教の橋渡しをしてきたことも注目に値します。

2014年4月、仙台にて
（提供：ダライ・ラマ法王日本代表部事務所）

ダライ・ラマは、来日の経験も豊かで、東京をはじめ日本各地で講演や法要を行っています。二〇一一年には護国寺で、東日本大震災の犠牲者のための四十九日特別慰霊法要が営まれ、チベット僧と日本の多くの僧侶が一堂に会し祈りを捧げました。二〇一四年四月、ダライ・ラマは仙台での講演に先立ち、出羽三山神社（山形県鶴岡市）や竹駒神社（宮城県岩沼市）の神職らとともに神事に参列し、宗教の枠を越えて大震災犠牲者の冥福を祈り、被災地の再生を祈願しました。ダライ・ラマが他宗教の指導者たちと同じ行事や式典に参加することはよくあることですが、神前で手を合わせ玉串を奉納するなど、異なる宗教儀礼に従って祈りを捧げることはきわめて異例です。ここにも諸宗教の共生と対話を重視する姿勢が見られます。

2　ダライ・ラマ十四世の思想

⑴転生について

チベット仏教の各宗派には、高僧が死ぬとその転生者（生まれ変わり）を探し出し、先代の学問とその座であった僧院を継がせる独自の制度があります。この制度は「転生相続制」と呼ばれ、転生者とされた幼児には英才教育が施され、幼少期より先代の後継者としての処遇を受けます。現在の法王ダライ・ラマ十四世も、転生したダライ・ラマ十三世を捜索する僧侶たちの必死の努力によって、チベット北東部の寒村タクシュで幼少期に発見されています。

仏教思想において（輪廻）転生は基本的な知識の一つですが、科学的世界観に慣れ親しんだ現代人にとって死後の転生を信じることは容易ではありません。しかしながら、チベットの民衆にとってダライ・ラマの存在は特別であり、法王は彼らを救済するために生まれ変わった者と信じられています。そこで、ダライ・ラマ十四世が転生および転生相続制についてどのように考えているか、彼自身の言葉を聞いてみることにしましょう。まずは転生についてです。

私たち仏教徒は、数え切れないほど多くの前世があり、数え切れないほどの来世があると信じています。今世だけがすべてではないと考えれば、自然にゆったりとした気持ちになれます。死は来世への旅立ちにすぎません。

（ダライ・ラマ十四世『いのちの言葉』世界文化社、二〇一一年、43頁）

私の転生については、悟りの境地に達するまでは、いつまでも転生すると固く信じています。悟りを開いた後も、どこかに別の形で現れつづけるでしょう。これは仏教的な信念、仏教的な考え方です。私はこういう教えが、人の楽観と意志と決意を支えてくれるということを実感しています。

（ラジーヴ・メロートラ編、ダライ・ラマ14世テンジン・ギャツォ著、瀧川郁久訳『ダライ・ラマ 誰もが聞きたい216の質問』春秋社、二〇一三年、94頁）

キリスト教ではイエスの死と復活が信仰の原点であるため、この世における一度限りの生がかけがえのないものとして考えられている反面、前世とか死後の転生の可能性は否定されています。ところが、仏教においては前世—今世—来世という一連の流れがあり、今世だけがすべてではなく、数え切れないほどの来世があるという信仰が、仏教徒としての楽観と希望の根拠となっています。このように、仏教とキリスト教とでは転生についての考えが大きく違っていますが、死は来世（キリスト教では、永遠のいのち、あるいは天国）への旅立ちであり、死ですべてが終わるわけではない、と信じている点では同じです。

⑵転生相続制について

ついで、チベット仏教は、その特色である転生相続制について、どのように考えているのでしょうか。参考となる言葉をここに引用します。

> ダライ・ラマが転生するのはなぜでしょうか。それは先代が人生でやり残した仕事を引き継いでおこなうためです。私は亡命し、こうして祖国チベットを離れて生きています。ですから、いま、私に死が訪れたなら、この人生でやり遂げられなかった仕事を完成させるために、チベットの外に生まれ変わるのが道理です。
>
> （ダライ・ラマ十四世テンジン・ギャツォ著、ソフィア・ストリル＝ルヴェ編、ルトランジェ治美訳『ダライ・ラマこころの自伝』春秋社、二〇一一年、65頁）

ダライ・ラマ十四世は、歴代のダライ・ラマが転生する目的について、その意味を明らかにしています。それは本人が前世で始めた仕事をなしとげるために、あるいはだれか他の人の前世での仕事を完成させるために、意図的に生まれることであるとしています。彼は自分を観音菩薩の化身などと思ってはいないということですが、ダライ・ラマ五世と十三世に特別のつながりを感じているとも発言し、非常に興味深く思われます。ちなみに、ダライ・ラマ五世は一六四五年にポタラ宮の造営を始めた法王で、四十年にわたってチベットの行政と宗教の両面を支え、現在のポタラ宮の霊塔内にはその遺体が安置されています。

ポタラ宮

ダライ・ラマ十三世は、チベットの近代化に積極的に取り組むとともに、王制システムの抑圧的な部分の改革を行った法王です。チベットに初めて通貨と硬貨を導入したことでも知られています。

　なお、ここでいわれる「チベットの外」とは、チベット人社会がすでに形成されているインド、ネパール、スイスなどの国々を指し、場所的に限定されています。もしダライ・ラマがチベットの外で死んだなら、その生まれ変わりもチベット以外の地で生まれるのが理にかなっている、という意味です。

　ところが、他方でダライ・ラマは、「もしそのときに、チベット人がダライ・ラマを必要としていなければ、もう私のことを探す必要はありません。その場合、私は虫でも動物でも、他のたくさんの生き物の役に立つような生物に生まれてくることもできるのです」（『ダライ・ラマこころの自伝』、74頁）とも述べています。チベット仏教に固有の伝統である転生相続制の存続を、ダライ・ラマ自身が望んでいないようにも受け取れる発言です。

参考までに申し上げますと、ダライ・ラマは一九九七年に自らの後継問題について触れ、（チベット人社会が今後もダライ・ラマ制度の継続を望むならば）後継者の選出方法として三つの可能性をあげています。一つはローマ教皇の選出方法に倣い、高位聖職者の投票によって選出する仕方です。二つ目はダライ・ラマ本人が生きている間に選ぶ方法です。最後はこれまでの伝統的な方法で、ダライ・ラマの死後、生まれ変わりを探し出し新しいダライ・ラマと認定することです。具体的にどの方法が妥当なのか、部外者である私たちにはわかりかねますが、ダライ・ラマの考え方がいたって現実的・民主的で、チベット民衆との対話を重視している点は理解できます。

⑶粗い心と微細な心

一般に仏教では人間の心の世界を扱っていますが、「心」という用語の使い方には注意を要します。特に密教において、何を「心」あるいは「意識」と呼ぶかについては、さまざまなレベルと多様性があります。

瞑想の領域において、心は「粗い心」と「微細な心」の二種類に分けられます。前者は身体によってつくられており、脳が機能している限り、この心も活動すると考えられています。他方、後者は無意識のレベルで経験され、物理的なものとは無関係であり、身体には依存しないとされています。もっとも、後者の存在については、瞑想の経験を積まないかぎり、証明することも説明することも難しいとされています。

たとえば、密教の教えでは、人は目覚めているときは、目や耳などの感覚器官を通して生じる意識は活性化していますが、夢を見ているときには、感覚器官を媒介とする意識は機能を停止し、純粋に精神的な意識作用のみが機能していることになります。つまり、起きているときの意識は粗いレベルにあり、夢を見ているときの意識はより微細なレベルとなり、夢も見ないような深い眠りに落ちているときの意識は、非常に微細なレベルの意識と考えられています。

ダライ・ラマによると、微細なレベルの意識（微細な心）は遠い過去から現在に至るまで「連続した一つの流れ」として続いており、こうした意識の連続体が存在することを土台として、転生の考えが成り立っているというのです。普通の人の場合には、その人自身が心と体と言葉によってなしたカルマ（業）の結果、転生が起こると考えられます。このような人は、悟りの境地に達するまでは迷いの世界を生まれ変わり死に変わりすることになります。

ところが、優れた菩薩や仏の場合には、何度でも、また異なった場所に同時に「化身」として現れることが可能なのだそうです。つまり、霊的に高いステージに達したときには、カルマによって引き起こされてきた、それまでの生まれ変わりが終わり、代わって自分の意志で転生ができるようになるといわれています。前述したダライ・ラマの「私の転生については……悟りを開いた後も、どこかに別の形で現れつづけるでしょう」という言葉も、この可能性を示唆したものといえるでしょう。

⑷菩提心

ダライ・ラマは、二十四歳のときに祖国を追われ、現在に至るまで亡命生活を送っています。その間、言葉では表現できないような困難や試練に遭遇したことも少なくなかったはずです。しかし彼は強い意志と穏やかな心をもち、どんなときにも希望とユーモアを忘れず、怒りに対しても微笑みの心で応答しています。こうした心の広さやおおらかさは、いったいどこから来るのでしょうか。

ダライ・ラマは、自己紹介する際に大抵の場合は、「私は一人の僧侶です」と答えるそうです。僧としての自覚が深く心に刻まれているので、夢を見ているときでさえ、「私は僧侶なのだ」と思い出すこともあるそうです。彼はダラムサラにいるときは、午前三時過ぎに起床し、少なくとも五時間半を読経や瞑想にあて、その後の時間は仏典研究に勤しみ、人々との面談のために使います。一僧侶として、修行の実践と他者への思いやりを大切にするダライ・ラマの日課といえます。

ところで、仏教を信じる者にとってすべての善の出発点とされるのが菩提心です。今日ではあまり馴染みのない言葉かもしれませんが、大乗仏教においては菩提心を起こすことが修行の要となっています。そして菩提心を起こす瞑想の方法として、インドやチベットの中観派《ちゅうがんは》の伝統において実践されているのが「因果の七秘訣」と「自他等換の瞑想」と呼ばれるものです。菩提心を起こすプロセスを図式化すると、次のような流れになります。

平等心⇩因果の七秘訣・自他等換の瞑想⇩菩提心⇩六波羅蜜《ろくはらみつ》(1)（布施・持戒・忍辱《にんにく》・精進・禅定・智慧）

それぞれの用語の意味とプロセスの流れについて、以下に説明いたします。

①平等心

私たちは、普段の生活の中で誰よりも自分を大切にし、身内や友人には親近感を感じる一方、好ましくない人や敵対する人には嫌悪感や憎しみを抱き、そのどちらでもない人たちのことは気にもかけません。しかしこのような区別は、自己中心的なものの見方によるものであり、自己愛着に由来しています。

それでは、どうすれば自己愛着を断ち切ることができるのでしょうか。チベット仏教によれば、そのための最も確実な方法は、他者を思いやり、他者のために尽くすことです。ただし、ここにいわれる「他者」とは、自分にとって親しい人々だけでなく、何の関わりもない人々、さらには自分と敵対関係にある人々をも含みます。こうした平等心は、一度や二度の瞑想で得られるものではなく、何年も繰り返し行うことで養われるものだといわれています。

②因果の七秘訣

1知母　あらゆる生きものを自分の母親（あるいは最愛の人）としてみるようにします。輪廻の世界を繰り返し転生する間に、すべての生きものは前世において自分の母であったり、また未来に母となることもあります。すべての生きものが、愛情深く自分を守り育ててくれたことがあります。このように考えることによって、生きとし生けるものへの強い共感と感謝の気持ちが起こり、純粋な親近感が生まれます。

2念思・念恩　あらゆる生きものが自分に注いでくれた愛に深く思いを寄せ、すべての生きものに分けへだてなく母の恩を感じとるようにします。

3報恩　自分を養い育ててくれた、かつての母親たちの恩に報いたい気持ちを起こします。

4慈心　長い時間をかけて純粋な親近感を涵養することで、他者を幸せにしたいという願いが強くなっていきます。このあらゆるものへの純粋な思いやりの心こそ、仏教用語でいう「慈悲」の「慈」（maitrī）に相当するものです。

5大悲心　「悲」の原語であるカルナー（karuṇā）は「痛む」「悲しむ」を意味し、その原意は呻《うめ》きであるとされています。他者の苦しみを自分のものと受けとめ、彼らの苦しみを取り除きたいと願う心が、「慈悲」の「悲」に相当します。それがあらゆるものに分けへだてなく注がれた場合は「大悲」といわれます。

6増上《ぞうじょう》意楽《いぎょう》　「他者の苦しみを取り除くために、自らの身を挺したい」という決意を固めます。他者が苦しみから解放されるために、実際に自分が進んで責任を引き受ける態度をとります。

7菩提心　「生きとし生けるものが幸せになるために、自らが悟りの境地を目指す」という誓願と、その実践に向けて行動する意図を指しています。

③自他等換の瞑想（自己と他者の基本的な同一性を認識する方法）

1自分と他者は平等であると考える心（＝平等心）を、自他双方の視点から育みます。

自己と他者は平等であることを、両者とも本能的に幸せを求め、苦しみを避けたいと願っている点から考察します。

2自己愛着的な態度がもたらす不利益を、さまざまな角度から考えます。

人間は利己的になればなるほど、多くの不安と苦しみを抱えこみますが、それらがすべて自己愛着に由来することには気づいていません。あらゆる苦悩の原因は自己愛着的な態度にあり、あらゆる不幸はそこから始まることを考察します。

3他者の利益を大事にする態度がもたらす利益を、さまざまな角度から考えます。

仏教では、自己中心的な態度を改める修行と、他者の福利を大事にする修行が重視されています。これらの修行こそ、幸福をもたらす源泉とされています。両方について深く考え、自己との問答を通して、思考の変容がもたらされるようにします。

4自分と他者を実際に入れ替えます。

自分と他者を入れ替えるとは、これまでの態度を反転させることです。つまり、他者に対して無関心で、自分のことばかり優先してきた考え方を反転させることです。そのためには、まず自分に対して無関心になり、自我への執着をなくし、他者の福利を尊いと考えるようにします。ついで、自分を大切であると感じるその気持ちを、他者に向けるようにします。こうして自我の枠組みを解体に導きます。

5あらゆる生きものの苦しみや悪業を引き受け、代わりに自分の功徳や幸福を与えます。

「自分と他者を実際に入れ替える」修行に続き、トンレンと呼ばれる修行を行います。トンレンとは「与え—受け取る」という意味で、自分の幸せと他者の苦しみを交換することです。現実に苦しんでいる人のことを想い、その人の苦しみや病を自分の中へ吸い込み、それを愛と思いやりに変えて相手の中に吐き返すイメージ瞑想法です。

トンレンとは、他者の痛みや不幸を自分が引き受ける代わりに、自分の喜びをすべて他者に与えることを観想することです。この修行を呼吸に合わせて行います。息を吸うときは他者の苦しみが黒い煙となりそれを吸い込むと考え、吐くときには自分の幸せをすべて他者に分け与えると考えます。他者の苦しみや病を吸い込むなんて、何だか不気味に思われることでしょう。しかし実際に行ってみると、呼吸を用いる簡単な実践でありながら、心の変容に著しい効果があるようです。この瞑想法は、心の傷を癒し人間関係を改善するケアの方法として、西洋社会でも関心が高まっているそうです（末木文美士他編『仏教の事典』朝倉書店、二〇一四年、364―365頁参照）。

菩提心を起こすには、以上のような漸進的なプロセスをふまえる必要があります。その際に「因果の七秘訣」と「自他等換の瞑想」の両方をあわせ行えば、さらに強力な修行になるといわれます。あらゆる善の源である菩提心とは、約《つづ》めていえば、生きとし生けるもののために菩提（さとり）を目指す利他的な心です。それはすべての人の幸いを願うとともに、自分がその実現のために責任を担うという覚悟を伴うものです。人は菩提心を育むことによって、自らの生き方や他者へのまなざしがしだいに変えられ、六波羅蜜（布施・持戒・忍辱・精進・禅定・智慧）に示されるいわゆる菩薩道を歩むことになるのです。

(5)思いやり——慈悲の実践

ダライ・ラマによると、すべての人には生まれながらに他者を思いやる心が備わっています。心とは、喩えていえば水のようなもので、濁った泥水でもしばらくそのままにしておくと、泥は底に沈み、上は澄んだ水になります。一時的に泥と混じったとしても、澄んでいる水の本質は変わりません。また、水は氷という固体にも変化しますが、本質が水であることに変わりはありません。人の心に怒りや憎しみの感情が押し寄せ、激しい煩悩にまみれても、それは表面的なものにすぎません。一時的な感情に支配され、理性の窓を曇らせたとしても、光り輝く清らかな心が土台となっていることに変わりはありません。他者を思いやる心は、人間に生来備わっており、祈りや瞑想によって清められ、人生の積み重ねの中で深められてゆくものです。

ダライ・ラマは、幾度もこう語っています。

> 亡命にあたって、私はあらゆる富を残してチベットを出ました。しかし、私の心のなかに最高に価値ある宝を手に入れました。限りない思いやり、慈悲という宝物です。
>
> (『ダライ・ラマこころの自伝』、30頁)

現代社会はさまざまな問題を抱え、人の心も内向きで人間関係も殺伐としています。しかしそうであっても、人間社会が大多数を占めるごく普通の人たちの思いやりによって支えられていることも事実です。この世において、苦しみや悲しみを好んで求める人など誰一人としていないでしょう。

2010年11月、奈良の東大寺にて
（提供：ダライ・ラマ法王日本代表部事務所）

しかしダライ・ラマの人生が証言しているように、私たちが豊かな人間性を育む絶好のチャンスは、困難や苦しみに直面しているときです。理不尽な目に遭ったり、人間としての価値を無視されたり低められたりするとき、そのときこそ、忍耐すること、そしてゆるすことを学ぶ良い機会となるのではないでしょうか。他者への愛と思いやりは、忍耐と寛容の実践を通して深められていくように思われます。

真の思いやりを実践した人の具体例として、一つのエピソードを紹介しましょう。それは中国の刑務所（強制収容所）で十七年間を送った、ある僧侶の話です。そのチベット僧は幸いにも出所し、一九八〇年代の末にダラムサラに戻ることができたそうです。そこで、ダライ・ラマが刑務所での体験はどうだったかと尋ねたところ、彼は「二、三度は本当に危ない目に遭いました」と答えました。きっと生命を脅かされるほどの危険を感じたという意味だと思い、「どんな危ない目に」と聞いてみると、彼は「危うく中国人への思いやりを失いそうになりました」と答えたのでした（『ダライ・ラマ 誰もが聞きたい216の質問』、47―48頁）。

あまりにも高尚で、にわかには信じられないような話ですが、このチベット僧にとって他者への思いやりは、自分の生命よりも価値あるものだったのではないでしょうか。まさにイエスの「敵を愛し、自分を迫害する者のために祈りなさい」（マタイ5・44）という言葉を彷彿させるものです。どんな悲惨な状況に置かれても、他者をいたわり思いやる心がある限り、長い暗闇のそのさきに希望の灯があることを信じることができるように思います。

おわりに

ダライ・ラマの生涯を振り返ってみて改めて考えさせられたのは、祖国を追われる悲しみ、異国の地で難民として生きる試練、そして観音菩薩の化身として期待されつづける重責についてです。普通の場合、私たちは自分の国があり故郷があるから安心して暮らせるのであり、家族や友人がともにいてくれるから心の平和を実感することができます。しかし、もし帰るべき家や故郷をなくし、愛すべき家族や友人を失ってしまったなら、いったいどこに拠り所を求めればよいのでしょうか。

ダライ・ラマは、過去に何度も来日の経験があり、特に東日本大震災以後は毎年日本を訪れ、故郷や家族を失った人たちの心に寄り添い、被災地の復興を願って希望のメッセージを送っています。人々を励まし勇気づけるダライ・ラマの力は、他者のために自らを無にする利他的な心から生まれたものであり、その生涯に刻まれた数々の苦難の体験から滲みでてくるものです。まさに傷ついた癒し人であり、愛の証人といえます。

ダライ・ラマにとって、瞑想や読経の修行は霊的生活を支える太い柱であり、数え切れないほどの来世があるとの確信が、この世を生きるうえでの楽観と希望の揺るぎない根拠となっています。死後の転生を信じることで、現在と未来を肯定的にとらえ、将来世代や地球環境への責任感と連帯意識をもつことにもつながります。愛と思いやりに満ちた平和とアヒンサーの世界の実現こそ、ダライ・ラマの悲願であり、生きとし生けるものの願いです。

本論を閉じるにあたって、ダライ・ラマが好んで用いた祈りを紹介したいと思います。インドの学僧シャーンティデーヴァ（寂天、六五〇―七〇〇年頃）が創作したもので、ゴータマ・ブッダのあらゆる生きものへの慈悲を称えた長編詩の終章にある四行詩です。いのちあるすべてのものへのブッダの思い、そしてダライ・ラマの思いが、この祈りに凝縮しています。

世界に苦しみがある限り　いのちあるものが苦痛に耐えている限り
願わくば私もまた　この世にとどまらんことを　この地上の苦しみを取り除くために

（『いのちの言葉』、98頁）

注

（1）六波羅蜜とは、大乗仏教において悟りに至るために実践すべき六つの徳目である。具体的には、布施（与えること。喜捨）、持戒（戒律を守ること）、忍辱（苦難に堪え忍ぶこと）、精進（真実の道をたゆまず実践すること）、禅定（精神を統一し、安定させること）、智慧（真実の智慧を得ること）の六つを指す。

神に叫ぶ者の詩《うた》――アルヴォ・ペルトの詩編音楽の世界

森　裕子

序

本論ではアルヴォ・ペルト（Arvo Pärt, 一九三五年―）の作った詩編の音楽を聴くことを通して、希望という人間にとっての本質的な問いについて考察をめぐらします[1]。ここで採り上げるペルトの音楽はどれも一九六〇年以降に作られたもので、いわゆる現代音楽の範疇に入りますが、一般にイメージされる「現代音楽」とは違って比較的聴きやすく、実際に世界中でよく聴かれています。

もっともここで扱うものが詩編の音楽であり、聴きやすいからと言っても、いわゆるミサや教会の祈りなどの共同礼拝で多くの人が唱和することのできる歌というわけではありません。演奏するためには音楽的に高度な技術を必要とするからです。

それではなぜこのようなペルトの詩編音楽を、希望をめぐっての考察に使うのかというと、何らかの音楽体験によって人が希望へと開かれる可能性について、具体的にペルトの音楽を通して考察を試みたいと考えるためです。音楽が希望とは何であるかを語るわけではありません。希望するようにと人を内側から突き動かすのです。確かに音楽は、人間の内面性、あるいは超越的なものを表現するのに優れた芸術であると言われ、実際私たちの宗教的な生活の中に深く入り込んでいます。典礼には欠かすことができません。もちろんだからといって音楽が神について語りうるのか、イエスの死と復活を表現するのかというと、そこにはどうしてもことばないしイメージの助けが必要となります。しかし音楽がひと度ことばやイメージと結びつくや、そのことばやイメージ以上のところで音楽が作用することを私たちはよく知っています。つまり音楽は、私たちがどのように神と関わるのか、どのように愛し、希望するのか、どのように世界と、また他者と関わるのかといった、キリスト者の実存の根本的な問いについて、私たちの存在の奥深いところを動かしながら、その道を示す形で答えてくれるのではないでしょうか。

こうして本論では、音楽が神学論考の一隅に場を与えられる際、典礼実践への貢献の領域に加えて、言うなれば霊性神学に繋がるようなアプローチで音楽経験を考察することが可能ではないかと模索しつつ、アルヴォ・ペルトの詩編音楽についての考察を試みます。

1　アルヴォ・ペルトについて

最初に作曲家アルヴォ・ペルトについて、簡単な紹介が必要と思われます。(2) ペルトは一九三五年エストニア生まれ。エストニアはバルト三国の最北の国で、ペルトが五歳の一九四〇年、ソヴィエト連邦に占領され、連邦支配下に入ります。したがってペルトはソヴィエトの文化的な制約の中で教育を受け、また音楽家としての活動を始めたわけです。音楽学校に在学中、彼はエストニア・ラジオに音響技師として就職します。そこでフィルム音楽を多く手がけると同時に音響技師としても働き、音響の繊細なニュアンスについて彼の耳は鍛えられることになります。そのラジオ局は当時のエストニアの音楽活動の十字路のような所だったので、ペルトはここで多彩な人物と出会う機会に恵まれます。実際二十世紀半ば、ヨーロッパの西側では、いわゆる現代音楽のさまざまな試みがなされて、次々と斬新な音楽が生み出されていましたが、そのような同時代の音楽の演奏を聴き、楽譜を見て勉強することはソヴィエト連邦内では容易ではありませんでした。しかしペルトは、このラジオ局で出会った人たちの人脈をたどって、西側で展開していた同時代の音楽を勉強する材料を得たのです。

こうしてペルトは一九六〇年、『*Nekrolog*』というオーケストラ作品を発表します。まさに西側で盛んだった現代音楽の技法の一つである、十二音技法を駆使したものです。エストニアの音楽界では評価されましたが、ソヴィエト政府の下にある音楽家連盟からは、その音楽語法が西ヨーロッパの影響を強く受けすぎて、「社会主義リアリズム」にそぐわないと忠告を受けます。

またペルトは一九六八年十一月『*Credo*』を発表します。ピアノソロ、合唱、およびオーケストラから編成され、調性と無調が拮抗する形の作品ではありますが、音楽的には大きな問題になりませんでした。しかしペルトの選んだ合唱の歌詞、つまりCredo in Jesum Christumということばで始まる歌詞[3]は、彼のその後の人生を大きく方向付けるような波紋を呼びます。初演当時は[4]、聴衆にはよく受け入れられましたが、政府の下にある監視機関にまでこの曲のことが知られると、宗教活動が禁止されている状況下では、こうした信仰宣言の歌詞を持つ音楽はスキャンダルであり、直ちに作者への制裁が始まります。当の作品の演奏、楽譜出版が禁止されるだけでなく、その作者自身にも徐々に弾圧が加えられていきました。いずれにせよ『*Credo*』は、ペルトの創作活動において、その後最も重要なレパートリーになる宗教的合唱曲の最初の作品です。

その後の八年間、つまり一九六八年から一九七六年の間にペルトは、生活のためにラジオ局での仕事とフィルム音楽の作曲をする以外、『交響曲第三番』と、後にペルト自身が作品リストから除外する『交響的カンタータ *Laul armastatule* 愛するものの歌』の二曲しか書きませんでした。表現の自由を制限された中で作品を生み出すことは困難であり、葛藤を生んだことは想像に難くありません。それだけでなくペルトは、この頃人間としてある種の危機の状態を通っていたとも言われ、それも相俟ってこの時期に生み出された作品は極端に少なくなっているのです。実際一九六六年腎臓の病気で生死をさまよい、人生の意味について問われることがあり、また音楽家としても行き詰まりを感じていました。一九六八年の『*Credo*』発表の直前、ラジオインタヴューに答えて次のように述べています。「芸術は今日のもろもろの事項を解決するだけではなく、人間の根本的な永遠の問題を扱うものです。芸術は実際、あなたたちの精神的、霊的価値を、最も芸術にふさわしい形に純化すること、あるいは芸術的なやり方でそういったものを表現すること以外の何ものでもありません」。そしてまたその模範は何かと問われて「もちろんキリストです」と答えたそうです。ソヴィエト連邦内では、そのような信仰の表明は弾圧のもとですから、ラジオ局はその部分をカットして放映しました(5)。いずれにせよこの時期のペルトは、表現することを外側から制御されて葛藤した以上に、自分の存在のより深い次元で、そしてペルト自身によるならば、キリストとの関わりの内にもがき苦しみ、またそのような内奥から生まれ出る旋律と響きを探求していたのです。

このように行き詰まっていた頃、つまり一九六〇年代の半ばからペルトは、一つの旋律をどのように作り出すことができるかということを探求して、さまざまな試みをしていました。そんな中で彼はルネサンス音楽、それからグレゴリオ聖歌と出会います。そして十四、十五世紀の多声音楽の音の綾の醸し出すハーモニーや、グレゴリオ聖歌という単旋律の響きの豊かさに惹かれ、古楽の演奏活動をしている団体とも交流しながら、そういった音楽から旋律の作り方、あるいはその旋律の重ね方の研究に没頭します。

グレゴリオ聖歌やルネサンスの多声音楽の研究を通してペルトを動かしていたものは、最低限のものに削ぎ落とすという〝簡素化〟の希求です。一つの音の響き、一つの旋律が持つ豊かさとダイナミズムが、とてつもなく重い意味を持つものとしてとらえられます。「私はたった一つの旋律線だけを必要としていました。古代の歌や伝統的な歌い方、つまり絶対的なモノディー、むき出しの声、すべてのものの基にあるもの、そのような歌に現存しているスピリットを持つ一つの旋律線です」(6)とペルトは述べています。沈黙の中で、内的にも、音楽的にも核となるような簡素なものを求める旅路の途上で、ペルトは一九七二年ロシア正教会への帰属を明らかにします(7)。

そして八年ほどの沈黙を破ってペルトは、一九七六年から一九七七年にかけて、たて続けに作品を発表します。まさに闇を抜けたと言えるでしょう。これらの作品はすべて、ペルトのこの八年間の人間的、音楽的探求の後にたどり着いた独創的な様式を示すものです。いずれも、内的な沈黙、そして簡素さが基盤にあります。その様式をペルト自身、ティンティナブリ tintinabuli と名付けました。ティンティナブリは、鳴り響く鐘を意味するラテン語で、呼び鈴を鳴らすという意味の動詞tinnioに由来する名詞です。葛藤と沈黙の時代を通して、ペルトは、自分の存在の奥深くに、あるいはこの世界に存在するものすべての深みに、静かにしかし常に鳴り響いている響きを聴き取りました。それは、主観的な自分だけの世界ではなく、存在しているすべてのものの、さらにその奥に響いているような音です。しかしそれはまた、難しく複雑な音ではなく、三和音（ドミソなど、三つの音を重ねた和音のこと）の分散和音で表現される簡素な響きです。ペルトはこの三和音のアルペジョの旋律線をティンティナブリ声部（以下ペルトの呼び方に従ってT声部）と呼びます。そしてこのT声部にもう一種類の、今度は音階のドレミのように順次進行する旋律声部（以下M声部）を重ねます。こうしてT声部とM声部のポリフォニーが、ペルトの音響への研ぎすまされた、繊細な感受性によって、独特の響き合いを織りなすのです(8)。

このT声部とM声部について、ある対談でのインタヴュアーが、二つの声部の関係を、ティンティナブリは「お母さんが、その子どもがよちよち歩いているのをころばないように手を伸ばしている姿のようだ」と描写しました。ペルトは、そのイメージを大いに気にいって、元々そのように意図していたわけではないのですが、その時以来、一方の旋律M声部が、私たちの現実、罪や苦しみを孕んでいる私たちの生そのもの、主観的でエゴの世界、そして他方の旋律T声部は、私たちを支えているもの、場合に罪を赦し、苦しみを癒す、より広い客観的な領域であると意識するようになりました。彼はこのことについてあちこちで述べているので、ペルトの中では定着したものと思われます(9)。確かにこれは一つのイメージにすぎないものですが、聴くと納得できるものではあります。

このティンティナブリ様式による諸作品が、とりわけエストニアを越えて、ヨーロッパの西側でも知られるようになると、演奏依頼や楽譜出版依頼が外国から入り、ペルト自身、国外に旅行する必要性も生じてきました。こうして国外でペルトの作品が評価されればされるほどに、連邦からのペルトへの圧力は強まり、ついに国外への演奏旅行の全面禁止、音楽家協会からの追放という窮地に追いやられます。ペルト自身は多くを語りませんが、そういった心身に加えられる苦悩の末、ついに一九八〇年、ペルトは家族と共に西側に亡命します。最終的にはドイツのベルリンに落ち着き、そこでまた多くの協働者たちと出会って、数々の作品を発表するようになります。

そのうちソヴィエト連邦にも雪解けのペレストロイカが訪れて、ついにエストニアは一九九一年、リトアニア、ラトヴィアと共に独立します。このバルト三国の独立は非暴力によって勝ち取られたことで知られています。一九八九年八月二十三日、バルト三国の人々が独立への強い希望を世界にアピールするために、リトアニアからエストニアまでの六百キロに及ぶ距離を、二百万人の人々が手をつないで「人間の鎖」を作ったことはよく知られています。もう一つ、一九八八年九月エストニアの全人口の三分の一に近い三十万人が、首都タリン郊外の「歌の原」に集まり、独立への思いを合唱したことも特記すべきです。このバルト三国は、合唱がとても盛んで、優れた合唱団、合唱曲が生まれています。ペルトの音楽は、そういう土壌から育まれたものでもあります。

さてペルトは一九九二年以来、正式にエストニアに入ります。当時すでに十分に世界中を歩き回るコスモポリタンではありましたが、以後エストニアとベルリンを拠点として、その間を行き来しながら生活しています。

彼の作品は多岐にわたりますが、やはり合唱ないし重唱の宗教曲が最も大きな位置を占めています。歌詞は教会スラブ語、英語、エストニア語、フランス語、ドイツ語、イタリア語、ラテン語、スペイン語などのあらゆる言語を使っていますが、ラテン語のものが最も多いといえるでしょう。代表作として、『ヨハネ受難曲』、スラブ語による『*Kanon Pokajanen*』などが挙げられます。さらにペルトは詩編を使っても多くの曲を書いています。ここでは詩編130編のラテン語テクストによる『*De profundis* 深い淵の底から』を採り上げて、冒頭に述べたように、希望というテーマとの関係で論じます[10]。

2 『*De profundis* 深い淵の底から』の分析

まず作品に耳を傾けます。この曲は、一九八〇年、ドイツに落ち着いた直後に発表された一連のラテン語による宗教的声楽曲の一つです。男声四部、オルガン、任意の打楽器という編成で演奏するよう指示されています。後にこのオルガンと打楽器の部分をペルト自身がオーケストラに編曲しているので、オーケストラ・バージョンおよび、より古いオルガン・バージョンがあるわけです。

ではこの詩編130編を、ペルト自身どのように祈り、また他者に聴いてもらうために、どのように響かせるのでしょうか。まずバスⅡの声部が詩編の第一節「De profundis clamavi ad te, Domine 深い淵の底から、主よ私はあなたに叫ぶ」と歌い始めますが、これはバスの最も低い音ミの音から始まって、音階的に緩やかに上行する三音の反復から成るM声部です。本当に地の底から、苦しみ抜いて声を絞り出すかのように叫び始めます。始めは小さな声で、ほとんど雑踏の中にかき消されるくらいのものです。それでも、ひと度このような叫び声を、それこそ苦しい沈黙の闇の底から、なんとか上げ始めると、別の声がそれに呼応します。ここではテノールⅠの一番高い声部が「Domine, exaudi vocem meam 主よ、私の声を聴いてください」と歌います。こちらは、高い音から順に下がる三音で構成される旋律型が反復するM声部です。こうして上行音階のバスと下降音階のテノールは鏡のように呼応しています。このような鏡の呼応はさらに別の声であるバスⅠとテノールⅡに受け継がれて第二節「Fiant aures tuae intendentes in vocem deprecationis meae あなたの耳を傾けてください、私の嘆き祈る声に」という部分まで続きます。

続いてバスⅡが第三節「Si iniquitates obseraveris Domine 主よ、あなたが罪をこころに留められるなら」と歌います。ここでこの詩編作者の苦しみの内容が明らかにされます。それは、病気でもなく、また敵の虐げる圧力でもなく、自分自身の罪の意識なのです。自分の無力さ、醜さ、あるいは誰か他の人に対して冒した過ちなどです。このような罪の意識からは、自分でなんとか踏ん張って立ち直ろうとして、立ち直れるものではないでしょう。誰か他の人から、そして神から赦しを得ない限り、どうにもならないのです。それでこの詩編作者は、神である「あなた」に向かって叫び始めました。しかしここでペルトは音楽に変化を付けます。つまり、この罪への言及があるところで、始めて歌のパートが二声部になるという変化です。しかもバスにもう一つのバスが添えられています。バスⅡが「あなたが罪をこころに留められるなら」とM声部の上行音階旋律で歌う時、バスⅠはミソシの分散和音を静かに歌います。つまり、ここにティンティナブリが始めて、歌として登場するのです。ペルトの言うように、もし順次進行による音階の反復からなる旋律、すなわちM声部が人間の現実、罪や苦しみを孕む現実であり、それに対してT声部が人間を支え、赦す方の領域であるとするならば、バスが「罪」について語り出した時に、いつの間にか、赦す方の声がそっと寄り添って響いていることになります。誰かが罪の意識を口にする時、すでに赦す方の声が響いていることを、ペルトは表そうとしているようです。

第三節の後半「Quis sustinebit 主よ、誰が耐えられるか」はテノールのM声部（前半のバスが低音からの上行形であったのに対し、高音域からの下降音階旋律）とT声部の二声で受け継がれます。そして第四節「Quia apud te propitiatio est, et propter legem tuam sustinui te Domine あなたのもとに贖いがあるので、あなたの法のゆえにあなたを立てる（畏れる）」ということばが続きます。旧約の詩編作者が贖いや罪の赦しの根拠について、新約の民ほどに確信を持っていたのだろうかという点は問題になるところですが、それでもこの作者は赦しを確信して、第五節「Sustinuit anima mea in verbo eius; speravit anima ema in Domino 私の魂はあなたのことばの内に立つ。私の魂は主を待ち望む」と力強い希望のことばを表明します。この第五節において、ペルトの言う人間の現実であるM声部はバスとテノールの二声のハーモニーによって歌われます。その二つの声部の間に、「赦す方の領域」とペルトの言うT声部が置かれています。人間の声が響き合っている、そのただ中に、赦す方の声が響いているように構成されているわけです。

そしてこのあたりで、詩編作者に何かが起こっているようです。第六節「A custodia matutina usque ad noctem 夜に、朝を待つ見張りのように」がその前の節に掛かるのか、すなわち「私は主

	Ⅰ		Ⅱ		Ⅲ		Ⅳ	
声部／節	1	2	3	4	4	6	7	8
TⅠ	M		M	M	M	M M	T M	T M
TⅡ		M	T	T	M T	T	T M	T M
BⅠ		M	T	T	T M	T	M T	M T
BⅡ	M		M	M	M	M M	M T	M T
強弱	p	mp	mf		mf		f	mf mp

M=M 声部　T=T 声部

p= 弱く　mp= やや弱く　mf ＝やや強く　f= 強く

を待ち望む、朝を待つ見張りのように」となるのか、それとも次の「Speret Israel in Domino イスラエルよ、主を待ち望め」にかかるのか、種々の聖書の翻訳は一致していませんが、いずれにせよ、闇夜もやがては明けて朝になると同じくらい確実である主に希望を置くことが求められます。ここで注意したいことは、ここまで一人称単数の「私」が二人称単数の「あなた」である主に向かって叫んでいたのですが、ここから、すなわち「夜に、朝を待つ見張りのように」を境に、「私」はイスラエルに向かって希望を呼びかけるようになるということです。そして主は「あなた」ではなく、三人称単数の「彼」になっています。

　このテクストの変化に応じて、「私」が「イスラエルよ、主を待ち望め」と声を挙げた後、ペルトは初めて四つの声部全部で声を合わせて歌わせます。第七節「Quia apud Dominum misericordia 主のもとには憐れみがあるから」ですが、この「misericordia 憐れみ」ということばの最後の音節 a で、テノールＩは全曲中一番高い音の、シの音を歌いますから、ここに音楽的なクライマックスが置かれていることが窺えます。しかもこの時バスが音階を歌い、テノールはⅠもⅡもそろってT声部を歌っていますから、ペルトにとって最高音は赦す方の声なのです。最後の第八節は「Ipse redimet Israel ex omnibus iniquitatibus ejus 主はすべての罪から贖う」ということばですが、もはや最初に、つまり第三節で表明された「私」の個人的な罪ではなく、個人を越えるすべての罪にこころが向けられます。

以上で述べたように、作品の全体の構成として、声部が次第に厚みを増しながら、M声部とT声部がどのように組み合わされているかについては（前ページの）表のようになります。

3 『*De profundis* 深い淵の底から』に示される希望への道

以上のようにペルトの音楽を聴くことによって、私たちはこの詩編をどのように味わうよう導かれるでしょうか。ペルトの音楽のダイナミズムにそって詩編130編の霊的な道をたどると、次のようになります。

①自分ではどうしようもできないような苦しみのどん底にあって、自分の中に黙している状態を打ち破り、絞り出してでも、外に向けて声をあげるところから全てが始まる。
②その声は誰か同じように苦しんでいる他者のこころに響き、その人も呼応して声を出す。
③罪に苦しむ人が自分の罪について口にする時には、実はそこに、赦す方の声が響いている。あるいは他にさまざまに苦しんでいることをことばにするところに、すでに支える方の声が、嘆く者

の声をそっと支えている。
④自分の声をあげることによって、意識は自分の外に、すなわち他者に向かう。他者の声との呼応に耳を傾けるだけでなく、その奥に響いている声、赦す方、支える方の声も響いていることに気づくことがある。こうして赦しと支えを信じ、あるいは希望するようになる。
⑤いつしか、他者に向かって主の慈しみについて語り、主に希望することを呼びかける者へと変えられる。つまり他者の苦しみに無関心でいられなくなる。

この道のはじめには沈黙の時がありました。人生において誰しも、苦しみつつもその苦しみをどう表現したらよいのかわからず、声を出せない場合、あるいは語るまいと思う状況に遭遇することはあるでしょう。この苦しい沈黙をペルトも通りました。ティンティナブリ様式を生み出す前に、音楽的にも人間的にも行き詰まり、ソヴィエト政府の文化政策の圧力の中で黙していました。しかし、ペルトのこの時期については、音楽用語を用いて、フェルマータ（休止）でありクレッシェンド（次第に強く）であると表現されるように、それは実質的に声をあげられない状況であるにしても、産みの苦しみの中で何かに向かってもがいているダイナミックな沈黙でもありました。実際彼は後になって沈黙の意味について、「人が何かを言う前に、おそらく何も言わないのがよいでしょう。私の音楽はかなりの間沈黙した後にのみ生まれてきます。それは文字通りの沈黙です。私にとって沈黙は、そこから神が世界を創造する〈無〉を意味します。……人が愛を持って沈黙に近づくならば、そこに音楽が生み出されるでしょう。作曲家は自分の音楽のために幾分かの間、待たなければならないのです[11]」と懐古して述べています。

しかしながら沈黙がより大きな意味を持つのは、沈黙をくぐり抜けて音が生まれ出る時です。作曲家、武満徹が言うような「沈黙と計り合えるほどに強い音」を出すためには、自分の殻を破ることのできる大きなエネルギーを要します。また沈黙の淵から声を絞り出すことができるまでに、機が熟さなければならないでしょう。ペルトにとっても「沈黙を破るにふさわしい音をどのように見つけることができるか」ということは大きな問題でした。作曲家たちは沈黙の深淵の中に湛えられている意味の重みを知っていると同時に、その沈黙をあえて破るに値する響きがあることも信じています。

詩編130編の作者が代弁する苦悩の人も「深い淵の底から」、沈黙を破って「叫びます」。しかもこの人は、「ad te あなたに向かって」「Domine 主よ」という叫びの声をあげるのです。声は誰かに向けて発せられます。声そのものに他者への開きがあります。声が人と人を繋ぐ性質について、『聲』という著書の中で、文化人類学者、川田順造は次のように述べています。

声を発することは、〝呼ぶ〟ことと深くかかわっている。呼ぶとは、訴えることであり、問うことであり、思慕《した》うことだ。あるいは、誇示し、たたえ、ふれ、名づけ、呼びかえすことだ。……声を発することは、声を発するという行為を支える状況性と、声を発する者の現前性と、声の向けられた相手の特定性とをまきぞえにして成り立っている。声は私の体内から出るものでありながら、口から発せられたあとでは他人と共有されてしまう。……(12)

ペルトの音楽では、最初にあげられた声に共鳴して、もう一つ別の声が重ねられるように構成されています。声はひと度発せられると、「他人と共有されて」共同体的なものになります。そして不思議なことに、声をあげることができるなら、他者の声に耳を傾けることもできるようになるような変化が、人の中に起こりうるのです。

さて詩編作者はこの声が主に聞き入れられたかどうかをことばで表現する代わりに、話者である「私」が苦悩について嘆き訴える状態から、他者に向けて希望を呼びかける者に変えられている形によって、「私」が何らかの内的体験をしていることを暗示します。他方ペルトの音楽は、苦悩の中からの「私」の叫び声に他者の声を呼応させ、さらには「支える者の声」を重ねることによって、「私」に及んだ何らかの変化の体験を表現します。「私は」他者の声と、また支えている者の声の響きに協和するようになっているのです。ひと度声を出すや、自分が向かうべき先が明確になり、こころの中に力が満ちて来るのを感じるということは人が経験するところです。旧漢字の「聲」には、小さな声と耳の文字があることから、古代人の理解と感性において、声を出すことの中に耳を傾けることも含まれていたと窺い知ることができますが、声を発して、その自分の声が聞かれたかどうかよりも、自分が他者の声に耳を傾ける者になっているかということが鍵となります。

こうしてペルトの音楽の中に、深い淵の底で苦闘しながら沈黙していた者が、叫びの声をあげることによって主に希望する者になり、さらには他者に向けて希望を呼びかけるようにもなるという、言うならば希望への道筋が描かれています。もちろん音楽分析をしない限り、何の訓練も知識もないまま、耳だけでここに示したようなペルトの音楽の構成を聴き取ることは難しいでしょう。しかしながらペルトの作り出す音響は、種々の聴者たちが証言する通り、それにじっくり耳を傾けるならば、聴く者を一旦深い淵の底に沈めて沈黙を味わわせるとともに、そこから引き上げて、声が呼応し響き合う空間の中に浮遊させ、聴く者の内面に力を満たし、外の世界に開くように、また 希望を持つようにと促します。

むすび

実際、声というものには実存的な力とでも言えるものがあるように思われます。旧約聖書の創世記第1章は、神の声の実存的な力による創造物語と言えるのではないでしょうか。神が混沌の中で「光あれ」と言われると、光があった、と述べられます。「水の中に大空あれ」という声を響かせられると、そのようになります。神の創造されるものの中には、神の「あれ」という声が響いているのです。人間の創造は多少複雑で、神は思案の上で「我々にかたどり、我々に似せて、人を造ろう」と意思されたとありますが、そうであっても私たち一人ひとりの存在の中にも、神の「あるように」という思いから発せられた声が響いているでしょう。神はその声において私たちとの関わりに自分を差し出し、また私たちをその関わりの中に招き入れているのです。

他方新約聖書においては、イエスによる救いの業の最終場面、すなわち十字架上で息を引き取る場面で、イエスは大声で叫んだと福音史家は伝えています。「神は私を見捨てたのか」と言うほどの孤独と苦痛の中で、イエスは深い淵の底から、父なる神に叫びます。イエスのこの叫びはゴルゴタの丘にどのように響き渡ったでしょうか。この叫びはイエスと父なる神の間の固有な親密さの中であげられた声ではありますが、同時に地上で人が苦しみ喘いで絞り出す声に対する呼応でもあります。イエスは、自らを父なる神に全面的に捧げて叫ぶ大声の中に、私たちが苦悶しつつ叫ぶ声を共鳴させます。

こうして私たちの存在は、神の創造の「あれ」という声と、イエスの十字架上での大声とが響き合う中にあるといってもよいかもしれません。この声の共鳴が私たちを内側から突き動かして、神に希望する者の道に引き入れてくれるのです。神の「あれ」という声によって存在へと呼び出され、イエスの大声の叫びに連なって、また他の人々の叫びが響き渡る中で、私たちもまた、神の関わりへの呼びかけに、自分のすべてをかけて応えるようになるからです。

アルヴォ・ペルトは自分自身の経験もあって、人権活動に深い関心を示しています。二〇〇六年と二〇〇七年の間に行われたペルトの作品の演奏会のすべてを、ロシアの人権問題に深く関わって殺害されたジャーナリストのアンナ・ポリトコフスカヤ Anna Politkovskaya の記念に捧げました。また二〇一一年には、反クレムリンの実業家で、議員として政治に介入しようとしていたミハイル・ホドルコフスキー Mikhail Khodorkovsky が、脱税の容疑をかけられて逮捕され、ついに投獄されると、ペルトは彼のために交響曲第四番を献呈し、その初演で公に彼への支持を表明しました。ペルトも、具体的に他の人に希望を呼びかけているのです。

注

（1）本稿の基になっている二〇一四年度上智大学夏期神学講習会での講義は、聴講者たちが実際に音楽作品を聴くという体験に重きを置いて進められました。従って本論の読者にとっても、ここで採り上げられている音楽を聴くことが推奨されます。講義の中で使用した音源の詳細については、作品を扱う際に記します。

（2）アルヴォ・ペルトの生涯と作品については、次の資料を参照しました：Immo Mihkelson, "A Narrow Path to the Truth: Arvo Pärt and the 1960s and 1970s in Soviet Estonia," in *The Cambridge Companion to Arvo Pärt*, edited by Andrew Shenton (Cambridge, Cambridge University Press, 2012), pp.10-28; Jeffers Engelhardt, "Perspectives on Arvo Pärt after 1980," op.cit., pp.29-48; Paul Hillier, *Arvo Pärt* (Oxford, Oxford University Press, 1997).

（3）歌詞は、カトリック教会が知っているどの信仰宣言とも異なるもので、Credo in Jesum Christum（私はイエス・キリストを信じます）ということばに、マタイによる福音書5章38―39節のテクストが続き、最後にまたCredo in Jesum Christumのことばで締めくくられるものです。

（4）初演はタリンにて、ストラヴィンスキーの『詩編交響曲』と組み合わせのプログラムにおいて、エストニア出身のネーメ・ヤルヴィNeeme Järvi（一九三七年―）の指揮で行われました。ヤルヴィは、現在パリ管弦楽団の音楽監督、また二〇一五年からＮＨＫ交響楽団の首席指揮者になるパーヴォ・ヤルヴィ（Paavo Järvi）の父で、後述するように、ペルトと同年の一九八〇年にアメリカに亡命しています。

（5）Immo Mihkelson, op. cit., pp.25-26.

（6）Jeffers Engelhardt, op.cit., p.35.

（7）ただしペルトは自分の音楽がキリスト教の特定の宗派と結びついているとは考えていません。教会への帰属はあくまで、彼自身の人間としての探求の帰結であったようです。
（8）ティンティナブリ様式について理解するために、主に Leopold Brauneiss, "Musical Archetypes: the Basic Elements of the Tintinnabuli Style," in *The Cambridge Companion to Arvo Pärt*, pp.49-75; Leopold Brauneiss, "Tintinnabuli: an Introduction," in *Arvo Pärt in Conversation* by Enzo Restagno et al., translated by Robert Crow (Champaingn, Dalkey Archive Press, 2012) pp. 109-162 を参照しました。
（9）Andrew Shenton, "Arvo Pärt: in his own words," in *The Cambridge Companion to Arvo Pärt*, pp. 120-121.
（10）この曲については、Arvo Pärt: De Profundis, Theatre of voices, directed by Paul Hillier, Harmonia Mundi USA 907182 に収録されている演奏を使いました。
（11）Andrew Shenton, op. cit., p.120.
（12）川田順造『聲』（筑摩書房、一九八八年、5—6頁）。

第Ⅳ部　日本における希望

悲しみを生きる力に変える言葉——苦難の中から光を見出す死生観の表現

島薗　進

喪失の悲しみから人はどのように希望を見出していくのだろうか。死別の重い悲嘆の中から、また自ら死に直面する中から、希望が見えてくるとはどういうことだろうか。それこそ宗教の働きだろう。だが、特定の信仰をもとうともつまいと、それぞれの人がその課題に向き合わざるを得ないとも言えるだろう。

ここでは主に言語表現、とりわけ詩歌をとおして、この問題を考えていく。つまりは深い悲しみの底から生きる力を生み出す言葉の働きについて考えていくことにしたい。日本の文芸の伝統の中から、死に向き合い希望を見出していく言葉の系譜をたどってみたい。このような課題が切実なものに感じられるようになった一つの要因は東日本大震災にある。

1　死を受け止める文化装置

二〇一一年三月十一日の東日本大震災は巨大な津波と原発災害を引き起こし、日本の国土に破壊的な爪痕を残した。二万人近くの死者の追悼において宗教者の参与は欠くことができぬものだった。また、原発災害は経済的な発展に過度の力点を置いたこれまでの生き方の反省をもたらし、大自然への畏敬の念や人間の傲りの自覚など宗教的な価値観に立ち返ることを促しているようだ。

震災後、追悼の場に加わる機会が多かった。被災地でそのような経験をもつと、慰霊・追悼の儀礼の意義の大きさにあらためて思いいたる。被災者とともに死者を偲び、悲しみを新たにするとともに、困難に満ちた今後の生活をいかに過ごしていくか、またどのように支援していくことができるのか思いを凝らす。太平洋戦争の終結後、新たな死者の霊を偲び、ともに悲しみを分かち合う葬祭や慰霊の儀礼の意義が、これほど強く納得されたことはなかったかもしれない。死者を慰霊し、死者との交わりを大切にする気持ちを多くの日本人が取り戻したようにも感じられる。

だが、これは必ずしも急なことではなかったのではないか。死者との絆を尊ぶ人々の気持ちを如実に実感させてくれるような経験が近年、比較的多いようだ。二〇〇六年の紅白歌合戦では、秋川雅史が「千の風になって」を歌い、その後この歌は大流行した。この歌は死んだ近親者からの呼びかけを歌詞にしたもので、歌い出しは「私のお墓の前で泣かないでください。そこに私はいません。眠ってなんかいません」というものだ。そういえば、死者の声が聞こえてくるような気がしないだろうか。

街を歩いていたり、家事をしていたりしていて、ふと亡くなった人のことを思い出す。すぐそこに死者がいるように感じることもある。「秋には光になって畑にふりそそぐ。冬はダイヤのようにきらめく雪になる。朝は鳥になってあなたを目覚めさせる。夜は星になってあなたを見守る」。その人はまだ私のすぐ近くに留まっているのではないか。この歌詞にふれて、死んだ配偶者、恋人、子どものことを思い出し、涙ぐむとともに励まされた人は少なくなかったようだ。

二〇〇八年には映画「おくりびと」が大ヒットし、国内でいくつも賞をとったが、ついに外国語映画部門でアカデミー賞を受賞するに至った。この映画はオーケストラのチェロ奏者を解雇された大悟という名の若い男性が主人公だ。大悟は故郷の空き家に帰って仕事を探す。両親は離婚しており、女手一つで大悟を育てた母は最近、亡くなっている。新聞広告で「旅立ち」に関わる仕事の求人が出ていたので面接に出向いたところ、死者を棺に納めることを専門とする葬祭業者だった。社長の人柄にひきつけられた大悟は、次第にその仕事を大いにやりがいのあるものと感じるようになる。

大悟の妻の美香は、大悟が穢《けが》れた死体を扱う仕事についたことが気に入らなかった。一度は別れ別れになるが、何とかその仕事の意義を理解するに至る。クライマックスは大悟が子どものときに別れた父の死の知らせを受け、遺骸との対面に赴く場面だ。母を捨て、大悟を捨てた父だが、その後、孤独な生涯を送ったらしく、ダンボール箱一つとバッグの荷物とともに漁港で亡くなっていた。

大悟が自ら父の遺体を丁寧に清め、握りしめたこぶしを開こうとしたとき、その手から小さな石ころが転げ落ちてきた。別れる前、大悟と父は河原でそれぞれの思いを託した石ころを交換したことがあった。父は自らの最期に臨んで、その石ころを離さなかったのだ。父子の深い絆は壊れていなかった。確かに父は大悟のことを思い続けていたのだ。

2　悲しみから生まれる力

「千の風になって」と「おくりびと」には共通のテーマがある。それは、いとおしい人との切ない別れであり、亡くなったからといってかんたんに断ち切ることができない深い絆だ。涙が涸れるほどの悲しい別れだが、死者への追悼の行為を通して、何とか悲しみを生きる力へと変えようとする人たちがいる。死者に励まされて生きる人たちだ。だが、そこに宗教が見えない。宗教という形にはまっていないので、かえって接しやすいと感じた人が多かったようだ。

しかし、本来、これは宗教が関わる領域だ。宗教は何のためにあるのだろうか。もちろんかんたんに答えられる問いではない。だが、一つの答え方として、人が悲しみから力を生み出す働きを引き出すためにある、とも答えられるのではないか。宗教は人が悲しみを力に変える働きを触発するのだ。

大事な人やものを喪うことによる悲しみは重い。愛や絆がもどって来ないということはたえがたく感じられる。だから、悲しみに沈めば元気がなくなる。はた目にも痛々しい方もいる。悲しみは人から力を奪う。ところがよく悲しむことによって、自ずから力がもどり、さらに増してくるということもあるではないか。そして、その時によみがえる力は、悲しみを経ることによって一段と奥深いものになっている。それを可能にするのが、宗教の働きの重要な一面ではないだろうか。

悲しみから生まれる力は柔らかく粘り強く奥深いものだ。身近な他者を喪うということほど、世の無常を痛感させることはない。無常を重んじる仏教はこうした経験と関わりが深い。ゴータマ・

ブッダが私たちの親しみ深い模範である一つの理由はここにある。

私がこんなことを考えるきっかけになったのは、比較的年をとってからのことだ。私自身の両親と死別した経験がなければ、考えが先へ進まなかった。死別の悲しみという主題は自分にとって切実な経験がないと考えにくい事柄だ。父が死期が近い病に苦しんでいることを知ったとき、私は法華経に深く親しんだ宮沢賢治の作品を読みふけった。それは私にとって宗教体験に近いものになった。

多くの詩歌と童話を残し、その文学的才能を讃歎する人々が多い賢治だが、生前、華やかな舞台に立ったり、親密な交わりに憩うようなことはなく、三十七歳でその生涯を閉じた。独身主義を貫き、またその能力にふさわしい社会的地位につくことを受け入れなかったその生涯は、常識的な意味でも寂しいもので悲しみに蔽われていた。

浄土真宗の熱心な信徒であった父との思想的な不一致もあって商家の跡を継ぐことを拒み、他方、個性を花開かせるべく故郷を去ることもできず、結核に苦しみつつ若くして世を去ったこと、最愛の妹であり求道の同志として信頼しあってきた二歳違いのトシが結核で二十四歳で世を去ったこと。これらは、賢治の悲しみの由来をある程度説明してくれるものだろう。しかし、賢治の悲しみはこれらふつうの意味での喪失体験によっては説明しきれないような深さと強さをもっている。

3　宮沢賢治の悲しみと宗教

よく知られているように詩集『春と修羅』にはトシとの哀切な死別の経験が詩句に結晶させられている。だが、トシとの死別を歌った悲歌の中には、トシとの別れの前から賢治の心の中にわだかまっていた悲しみの響きも込められている。「わたくしのかなしさうな眼をしてゐるのは／わたくしのふたつのこころをみつめてゐるためだ／ああそんなに／かなしく眼をそらしてはいけない」（「無声慟哭」）。賢治は自らの「ふたつのこころをみつめて」いるために悲しいのだということが読み取れる。トシ自身もそうだったが、賢治は自らの内側に悲しみの源泉を宿していて、そこから悲しみがあふれ出てきてしまうような人間だった。

それは、賢治が自分を「修羅」（阿修羅）と見なしていたことからも知られる。賢治にとって修羅とは、いつも他者・世界また自己自身との葛藤に苦しんで心晴れず、ふつうの人間の交わりからはずれて薄暗い水中に閉じこめられていると意識しているような存在だ。「まことのことばはうしなはれ／雲はちぎれてそらをとぶ／ああかがやきの四月の底を／はぎしり燃えてゆききする／おれはひとりの修羅なのだ」（「春と修羅」）。このわけもなくあふれ出るような悲しみ、それは孤独に沈まざるをえないすべての人々の深い悲しみに通じるものなのかもしれない。賢治の悲しみが多くの人々を惹きつける所以だ。

宮沢賢治の悲しみは近親との死別による喪失や、自分の理想を実現できない挫折の悲しみをも含み込んでいる。しかし、それらの個別的な原因だけでは説明できないような何かがあったようだ。

だからこそ「あふれるような悲しみ」と言いたくなるような、説明がつかない深い悲しみと感じられるのだ。賢治にとっての仏教は何よりもこの悲しみの入れ物だった。

『ひかりの素足』という作品は、兄の一郎が弟の楢夫とともに、父の働く山小屋から母の待つ麓の家に帰る途中、吹雪に見舞われ、死に直面して、他界にさまよい出ていく経験を描いたものだ。一郎は楢夫をかばい強く抱きしめるが、その後意識を失う。そこから他界にさまよい出た一郎の異次元的な経験が描かれる。一種の臨死体験だ。

その夢のような世界で一郎は楢夫に出会いかけよるが、楢夫は「死んだんだ」といって泣きじゃくる。ふたりは一歩一歩がとがったガラスの上を歩くような苦しみの場所を進んでいく。一郎は鬼に向かって「楢夫は許して下さい」と叫ぶ。そこへ仏のような存在が出て、苦の世界から楽の世界への転換が起こる。一郎は確かに楢夫を守った、しかしそれでも楢夫は助からなかった。やむをえなかったのだ、と辛うじて納得したかのようだ。これは東日本大震災の津波災害の悲しみを彷彿とさせる物語だ。

こうした物語には、災害に苦しみ、暴力に傷つけられる悲しみとともに、大事な他者を自ら傷つけていないかという自分を責める意識に耐えられない、そんな繊細な感受性が見えてくる。生きていることの条件としてのこうした悲しみを賢治は描き続けた。そのような悲しみへの鋭敏さが読者の心を打つ。

悲しみの原因は自分一人だけの胸にしまっておくしかないような事柄かもしれない。しかし、宮沢賢治の童話作品ではその悲しみが、いわば人類の悲しみに通じるものとして描かれていく。悲しみは皆が分かち合い、ともに耐えていくことができるものではないだろうか。いや、そうなることができれば、いかに重い悲しみも克服できると感じられるのではないだろうか。小さな悲しみは大いなる悲しみに通じている。そうだとすれば、悲しみは大いなる恵みにも通じるのだ。

私なりの勝手な理解だが、宗教は悲しみを入れる器であり、悲しみを力に変える装置だ。この変換は一人一人の心の中でゆっくりと進んでいき、悲しみの働きが自ずから癒しの働きに展開していく。個々人の心で起こるこうした変換を宗教は触発する。そのとき宗教は力をもつ。小さな心の中の大いなる悲しみが大いなる恵みに転ずるのだ。

4　無常観を踏まえた死の表現の形

大岡信《おおおかまこと》は『ひとの最後の言葉』（ちくま文庫、二〇〇九年〔一九九〇年初刊〕）で自作の次のような詩句を引いている。

昔　多くの日本人は
階級と職業のいかんを問わず
短い辞世の詩を作る習慣があった
春の桜　秋の月
花に咲く風　野に歌う鳥

それらは十分人生を暗示できるシンボルだった

大岡氏はこれは日本で短詩形が優勢だったことと関係があると見ているようだ。確かに「現代詩の形でも辞世の意味合いをもった詩は書かれうるし、実際、萩原朔太郎であれ宮沢賢治であれ中原中也であれ、その種の辞世の詩をいくつも書いていたと言うことができる」(137頁)。だが、「いよいよ死に臨んだ場合には、やはり短詩形が最適だろう」(同頁)とも述べている。短詩形の辞世では、「死への嘆きよりは、生との最後的な和解、それを包み込んでいる微笑や諧謔」がさりげなく表現される。

三十二歳で切腹した四十七士のひとり、大高源吾の辞世の句が紹介されている。

梅でのむ茶屋も有べし死出《しで》の山

切腹は二月四日だから梅花の盛りの季節だ。三途の川をわたり向かいの死出の山で梅の花をさかなに一杯やろうというものだ。

参考までに五十二歳で死んだ井原西鶴の辞世の句としてよく知られているのは以下のものだ。

浮世の月見過しにけり末二年

無常の自覚を促す「人生五十年」の語があるのに、二年間余分に「浮世の月」を見てしまったというものだ。「思い残すことはない」という気持ちを短詩で表現する文化の形だが、それでは独自の個性的な表現を目指す現代詩の作家は満足しないだろう。

とはいえ、「辞世の意味合いをもった詩」を「いくつも書いていた」現代詩の名手たちが何人もいることを大岡氏は認めている。「メメント・モリ」を実践したこの詩人たちは、西行や芭蕉の伝統を引くと言えるのではないだろうか。

西行が死を詠った歌は、無常の自覚とともにこの世への執着を詠い、その緊張感故に多くの人の心を打つものだった。

仏には桜の花をたてまつれわが後の世を人とぶらはば
世のうさに一かたならずうかれゆく心さだめよ秋の夜の月
ねがわくは花の下にて春死なむそのきさらぎのもち月のころ

桜はいのちの盛りそのままにはかなく散るが故に、そして月は完全な充実の美とともに生死を超えた境地を表すが故に、仏教と一体となった死の詩的表出の鍵語となってきた。だが、西行には、花や月の定型化された象徴性を用いずに、死の意識を表出する作品もいくつもある。

年たけて又こゆべしと思ひきや命なりけりさやの中山

うらうらと死なんずるなと思ひとけば心のやがてさぞと答ふる

後者について、大岡信の解釈はこうだ。「生の無常についてあれこれ考えているうちに、一つの答えが生まれた。『つまり、うららかな心で死のうということだな！』。すると心が、すぐさま、『そうだよ』と答えた」（『ひとの最後の言葉』、141頁）。

前者は旅と死の意識との一体性を前提としていて、言うまでもなく芭蕉に引き継がれていくものだ。

野ざらしを心に風のしむ身哉
旅に病んで夢は枯れ野をかけめぐる

「野ざらし」は「野に捨てられ風雨にさらされて白くなった骨。特に、白骨化した頭骨。髑髏《どくろ》。されこうべ」（『国語大辞典』小学館）とある。「白骨」といえば、蓮如の「白骨の御文」が思い起こされる。

我やさき、人やさき、きょうともしらず、あすともしらず、おくれさきだつ人は、もとのしずく、すえの露よりもしげしといえり。されば朝には紅顔ありて夕べには白骨となれる身なり。

これは、『和漢朗詠集』（一〇一七―二一年頃成立）に収録されている、義孝少将の「朝に紅顔有って世路に誇れども　暮《ゆふべ》に白骨と為つて郊原に朽ちぬ」を反映している。「無常」観を通して宗教と詩歌が支えあっている様態が、近世まで続いており、そこでは死が詩想の源泉であることがごく自然のことだったと考えてもよいだろう。それはまた、集合的、類型的な死をめぐる想念が十分重く感じられ、自ずから歌や句に盛り込まれるという事態でもあった。

5　死を想う俳文・散文

「白骨の御文」は熱心な真宗門徒の息子だった小林一茶の「おらが春」の末尾でいくらかなりと意識されているはずだ。

他力信心〳〵、一向に他力にちからを入て、頼み込み候輩は、つひに他力縄に縛れて、自力地獄の炎の中へとぼたんとおち入候。（……）問《とい》ていはく、いか様に心得たらんには、御流儀に叶ひ侍りなん。答ていはく、別に小むつかしき子細は不存候。たゞ自力他力、何のかのいふ芥もくたを、さらりとちくらが沖へ流して、さて後生の一大事は、其身を如来の御前に投出して、地獄なりとも極楽なりとも、あなた様の御はからひ次第あそばされくださりませと、御頼み申ばかり也。（……）是即、当流の安心とは申也。穴かしこ。

ともかくもあなた任せのとしの暮　　五十七歳　一茶

この「あなた任せ」は阿弥陀仏をほのめかすものと解されている。だが、それにしては、この文章は本願寺の教えに逆らう内容が多く、そこにはこの俳文集の底を流れる悲しみが色を落としている。一歳余りで死んだ長女さとを想う哀切な気持ちが漂っているからだ。

露の世は露の世ながらさりながら

これは「無常」という概念で悟るべきところを、「さりながら」と反抗しているものと見ることもできるだろう。「さと女卅五日　墓」と題して記された以下の句も哀切だ。

秋風やむしりたがりし赤い花
我やうにどっさり寝たよ菊の花
露の玉つまんで見たるわらは哉

あふれ出る悲しみをそのままに表現する一茶の句では、死は暴風雨に打たれてたおれた菊の花のように、むき出しの姿で描き出される。「是がまあつひの栖か雪五尺」も、もとは「是がまあ死にどころかよ雪五尺」というものだったという。

死支度致せ致せと桜哉
いざさらば死ゲイコせん花の陰
世の中は地獄の上の花見哉

これらにも暴力的な死を美辞で包むことなく、あるがままに見るといった気配を感じる。宗左近《そうさこん》は「一茶に、わたしはまぎれもない近代人の誕生を見ます」（『小林一茶』集英社、二〇〇〇年）と述べているが、暴力的な死にさらされて赤むけしている孤独な心がじかに表出されているということだろう。

だが、近代人の孤独な意識が、死をそのような無惨な相で捉えるとは限らない。「個」を強く意識する近代の「囲いこまれた自己」（Charles Taylor, *A Secular Age*, 2007〔チャールズ・テイラー『世俗の時代』〕）にとって、死を意識することが堅固な場所を準備する作業となることもあった。

志賀直哉の『城の崎にて』（一九一七年）はその代表的な作品だろう。この作品は『心境小説』とよばれることもあるが、少し長いが散文詩といっても違和感がないような作品だ。その書き出しは以下のようなものだ。

山手線の電車に跳飛ばされて怪我をした、その後養生に、一人で但馬の城崎温泉へ出掛けた。背中の傷が脊椎カリエスになれば致命傷になりかねないが、そんな事はあるまいと医者に云われた。二三年で出なければ後は心配はいらない、とにかく要心は肝心だからといわれて、それで来た。

『城の崎にて』のこの先の叙述は、自らの死を意識した心の「静かさ」や「死に対する親しみ」について、作家が城の崎で目の当たりにした生き物の死生を描きながら表現されていく。まず、玄関の屋根で死んでいた蜂。次には、何とか生き延びようともがくが助からない鼠。最後に、自分が石を投げたために死んでしまった用水のイモリ。そして、死を想うが故の心の静けさが描かれていく。

遠く町端れの灯が見え出した。死んだ蜂はどうなったか。その後の雨でもう土の下に入ってしまったろう。あの鼠はどうしたろう。海へ流されて、今頃はその水ぶくれのした体を塵芥と一緒に海岸へでも打ちあげられている事だろう。そして死ななかった自分は今こうして歩いている。そう思った。自分はそれに対し、感謝しなければ済まぬような気もした。しかし、実際喜びの感じは湧き上っては来なかった。生きている事と死んでしまっている事と、それは両極ではなかった。それほどに差はないような気がした。

ここでは「死に直面する裸の自己」が意識されている。そしてそれを言葉にして表現することで、確かな自己の基盤が得られると考えられている。仏道の優位を前提に、隠遁し道を求めつつ死を詠う歌人・芸能者・俳人の世界から、世俗・科学優位を前提に死の自覚による究極の自己定位を求める詩人・作家の世界への変化を想定してみよう。

拙著『日本人の死生観を読む――明治武士道から「おくりびと」へ』(朝日新聞出版、二〇一二年)では、宮沢賢治や志賀直哉をそうした詩人・作家のよい例として描いてみた。そして、その後に、『死の淵より』(高見順)の時代が来ると見た。

6　死を詠う高見順

作家であるとともに詩人でもあった高見順《たかみじゅん》(一九〇七―六五年)は、一九四八年六月から一一月まで結核で鎌倉の額田サナトリウムに入院していた。当時、詩人は四十一歳だった。その時期の作品が詩集『樹木派』に収録されている。死に直面することで詩想が涌き出てくる。五十六歳で食道がんの手術を受けた高見順が『死の淵より』に結晶させていく詩想の源泉はこの時期にあるようだ。そのものずばり「死」と題された作品がある。八行の短いものだ。

こっそりとのばした誘惑の手を
僕に気づかれ
死は
その手をひっこめて逃げた

そのとき
死は
慌てて何か忘れものをした
たしかに何か僕のなかに置き忘れて行った

死と抗っているが、死が自分の中に入ってしまった、そんな感じを捉えている。そのものずばり「生」と題された作品もある。こちらは六行だ。

手拭は
乾くそばから
濡らされる

手拭は
濡れるそばから
乾かんとする

これはのどの渇きを想像させつつ、生の渇きを表現したものだろう。だが、この詩集の標題にあるとおり、この時期の思索によって詩人自身の心に深く刻みつけられたのは「樹木」の姿だったようだ。「飽きない木」「立っている樹木」「深夜の樹木」とあるが、死の語は出てこない。だが、「流れる時の裂け目から／君は永遠を見る」（「立っている木」）とあるように、「死を前にした人間」の意識が「樹木」に託されていると言ってもよいだろう。

「病室から見える崖の木と／僕はすつかり親しくなつた」「僕は立ちつぱなしの木を見ることに飽きない／木も亦立ちつぱなしであることに飽きない」（「飽きない木」）。「深夜／樹木は出発の準備をする」「どこへ出発するのか／それは樹木にもわからないしわかることを必要としない／出発することこそ樹木の生涯の願いである」（「深夜の樹木」）。

病室の高見順は、窓から見える「木」に自らの「実存」を見たのだ。「死に向かって生きる人間」（ハイデッガー）を表現する隠喩を獲得したと言ってもよいだろう。以後の高見順は、その「実存」のリズムに乗ることにあまり困難を感じていないようだ。

もし井上靖が『樹木派』を見ていたら、次のようには言わなかっただろう。

高見順氏が病牀で綴った何篇かの詩が『死の淵より』と題されて群像〔文芸雑誌『群像』を指す〕で特集されるということを知った時、『死の淵より』という題名に気持のひっかかるものがあった。

（井上靖「なまの感慨」『群像』一九六五年一〇月号、『現代詩読本13　高見順』思潮社、一九八〇年に再録）

井上靖は、死に向き合う体験をそのまま表現したのでは「文学」作品としての「詩」にはなりえないと懸念した。

高見順氏が癌と闘っていることは天下周知のことであり、その時期に書かれた詩の発表であるので、『死の淵より』であるに違いなかったが、特攻隊員の日記とか死刑囚の手記とか、そうしたものと同種のものになりかねない危険があった。特攻隊員や死刑囚の手記はそれはそれで充分に人を動かす力を持っており、私自身そうしたものの幾つかから強い感銘を受けているが、高見氏の詩集は、そうしたものとは違ったものであって貰わねばならなかった。高見氏は若い時から詩を書き続けて来た人であり、その高見氏が詩として発表する以上、やはり私たちが詩として考えている詩であって貰わねばならなかった。(同)

ここで井上靖が言う「詩」は、特攻隊員の日記や死刑囚の手記と異なるとともに、「哲学者の思念のかけらとも、宗教家の語録とも違う」という。同時代に詩を書いてきた者同士として、死の淵に立ったからと言って、「あっさりと牙城を明け渡すようなことがあっては困る」という思いがあったという。

こういう考え方は、高見氏に対して非礼にわたるかもしれないが、詩の対象としては最も難しい〝死〟を、高見氏が取り上げているからである。死をどのように取り扱ったら詩になるのであろうかということは、大変難しい問題だと思う。まして高見氏の場合は死と顔をつき合わせているのである。

ところが、『死の淵より』を開いて、その詩篇を読み進むうちに井上の認識はかわった。それは「巡礼」一篇から受けた感銘によっている。井上氏の引用をなぞりながら私なりの引用をする。

人工食道が私の胸の上を
地下鉄が地上を走るみたいに
あるいは都会の快適な高速道路のように
人工的な乾いた光りを放ちながら
のどから胃に架橋されている

……

口のほかに腹にもうひとつ口があるのだ
シュールレアリズムのごとくだがこれが私の現実である

私にまだ食道があった頃
東パキスタンのダッカからB・O・A・C機で
インドのカルカッタへ飛んだ

機上から見たガンジス河のデルタ地帯は
超現実派の画のように美しかった
太古から流れてやまない大河の
河口のさまざまな支流が地上に描く
怪奇でモダンな線
……
蓮の花の美しさに同じ私が打たれたのもこの時だ
仏に捧げるその花はこの世のものと信じられぬ美しさだった
……
まさに極楽の花であり仏とともにあるべき花だ
それが地上に存在するのだ
涅槃がこの地上に実現したように
おおいま私は見る
涅槃を目ざして
私の人工食道上をとぼとぼと渡って行く巡礼を
現実とも超現実ともわかちがたいその姿を私は私の胸に見る

井上氏は「こうなると新しいも古いもない。いささかの厭味もなく素直に死が謳われ、自分が語られ、悲しみも、諦めも、覚悟も、もとの形態を失って、風が渡るように凛々しくすがすがしい」と評している。付け加えれば、死に臨んでこそ詠われる生の讃歌が読者の心を打つのだろう。井上氏はこの作品と比べると他の作品は見劣りがすると述べている。確かにこの「巡礼」はすばらしい詩篇だが、私は他の作品とあわせてそれぞれが照らし合わされてすばらしい作品群を作っているように感じる。そして、この詩集全体が、死の悲しみを力に変える働きが文芸にあることを実証している。

先に宗教が悲しみを受け止める器として機能することができると述べた。他方、ある種の文芸作品にもそのような力が具わっている。そして、両者はしばしば絡み合っている。日本の多くの詩人・作家は、宗教的な源泉に大いに助けられながら、死の悲しみを受け止める豊かな味わいのある作品を残してきた。

死の悲しみが私たちの心に重くのしかかってくるとき、音楽や美術もそうであるが、言葉が希望となる。その経験は過去にそうであったように、現代においてもなお広く見られるはずである。

宮沢賢治、大岡信、西行、芭蕉、小林一茶、高見順といった作家や詩人の表現にふれながら、死と喪失の体験から、また悲しみの底から希望をひきよせて来る言葉の働きを見てきた。おそらく聖典や聖歌の中からも、そうした言葉を見出してくることができるだろう。聖典や聖歌の場合、そこには儀礼や集合的な深い感情の動きが伴うことが想定できる。だが、孤独に苦しむ現代人にとって、ときにそれは縁遠いものに感じられる。

希望を引き出す宗教的な儀礼や聖典の力の奥深さは、歴史が実証している。だが、その力を一人一人それぞれのたたずまいに引き下ろしてみようとするとき、文芸作品は大きな助けとなる。個々人が孤独を自覚しやすい複雑な社会で、多様で連帯が難しい人々の間にあっても再現させるものは何かがそこに読み取れる。希望を生み出す宗教の力、悲しみを生きる力に変える宗教の働きをつかみ直すヒントがそこにあると言ってもよいだろう。

付記　この稿は、以下の二つの拙稿を用いている。
「悲しみを力に変える働き」『CANDANA』（252号、二〇一二年十二月）
「死を詠う詩歌の系譜」『詩と思想』（特集・メメント・モリ［詩は死をうたえるか］第322号、二〇一三年十月）

病を担うイエスにならいて——平山正実の共苦と共知

黒鳥　偉作

平山正実の創造的人生

二〇一三年十二月十八日、キリスト者にして精神科医であり、日本の精神医療に貢献した平山正実は七十五歳の生涯を閉じた。二〇一四年一月十一日、聖路加国際病院聖ルカ礼拝堂にて記念式が執り行われた。当日は人であふれ、礼拝堂に入ることのできなかった参列者が多数いた。献花の長い列は一時間を越えて続いた。

二〇〇九年十一月、平山は肺がんを患い、治療が開始された。しかし、病状を公にはせず、闘病中も臨床や教育、講演活動を精力的にこなした。最後まで精神疾患を担う人々のために尽くそうとしたその姿勢は、まさに執念であった。

平山は、患者を客観的な対象としてではなく、人格をもった、病める存在としてとらえ、地下水のように流れる人間の奥深い実存や創造性に焦点を当て続けた。悲嘆研究や臨床死生学の開拓者としてだけでなく、二十年以上にわたってデイケアや訪問支援、家族会など地域精神医療に尽力し、生活者としての視点を忘れなかった。さらに、自死予防とともに、遺された家族へのいわれなき非難を知り、遺族支援を重要視した。たとえどのような生と死の諸相があったとしても、苦難の中で生きようとした人々の苦悩を私たちの問題として受けとめ、共苦の思想をもって正当に評価しなければならない、と主張した。

このような活動の背景には多くの患者との出会いがあり、さらに原点には大学時代の友人との死別体験があったという。親友の遺書、死の数時間前に投函された平山宛ての手紙の中に、「私のような心を病んでいる人を助けるような仕事をしてください」という言葉が残されており、それを真摯に受けとめたと後に告白している。平山は彼の死によって激しい揺さぶりを経験したが、遺したメッセージを抱き続けることによって、共に生きるようになったという（平山正実『精神科医の見た聖書の人間像――キリスト教と精神科臨床』教文館、二〇一一年、241―266頁）。そして、その記憶は忘却できない悲しみであったと同時に、創造的人生を歩むための共知（συνείδησις, conscientia）という臨床知の源泉であった。

本稿では、平山の生涯を俯瞰することによってその医療哲学や思想を明らかにし、精神医療とキリスト教の接点を探りながら、共苦の姿勢に隠された希望のありかを提示する。

精神科医としてのあゆみ

平山正実は、一九三八年東京都に生まれ、一九六五年、横浜市立大学医学部を卒業した。その後、精神医学を専攻し、東京医科大学医学部神経精神医学教室の島薗安雄氏や宮本忠雄氏から教えを受けた。勤務医として臨床に携わりながら、文化や地域、旅行などによって変化する精神症状の報告をきっかけに学問の世界に登場する（平山正実「旅行中に発病した精神障害について」『精神医学』13巻4号、医学書院、一九七一年、363―371頁）。その他、宗教と狂信との相違、祭りと躁病の関係、文化摩擦による精神症状の変化などを一九七〇年から九〇年代にかけて報告し、次のような文章を残している。

癒すひとは、そのひとの仮面（persona）の奥深く根をはっている〝影〟の部分を、鋭い直感によって洞察し、相手の立場に共感（sympathie）するだけでなく、その〈影〉の部分を自ら引き受け、苦悩を進んで荷うとするとき、すなわち癒すものが、癒されるものと共苦（Mitleid）するとき、はじめて、後者は前者に対して、心を開き、響き合い、そこに真の意味での〝癒し〟が起こるのである。

（平山正実「こころの感応」島薗安雄・宮本忠雄編『こころの生態』［講座・こころの科学2］日本評論社、一九七五年、225頁）

その臨床に対する姿勢にはキリスト者としての信仰があり、病を担う人々への深い洞察があった。そして、多くの患者と出会いながら精神科医としての基礎が形作られ、共知という思想が熟成されていったのである。

自治医科大学と医療哲学

一九七四年、自治医科大学の精神医学教室初代教授に就任した宮本氏のもとで平山は講師として赴任した。一九八二年、哲学科と兼任する形で助教授に就任し、医療哲学を担当した。さらに、一九八四年度から基礎教育科目の一部として設けられた「医療人間論」という学科目の講義を担当するようになる。「医療人間論」は、医学生の人格的成長を助け、医療者としてのあるべき死生観や医師像を形成するために行われるもので、当時は革新的な試みであった。

医療に恵まれない地域に貢献するために設立された自治医科大学の黎明期に医療哲学に関わり、読書会や病状実習を企画し、医師とはどうあるべきか、どのように患者と関わり治療を行うべきか、在学生と討論を重ね、建学の精神を築いていった。医学生の人格形成において、平山は科学的な真実とは違った面での人間の真実に触れることを重要視した。医療者としての態度がどうあるべきか、医師として治療を行うだけでなく、患者の側に立つとはどういうことか、常に問いかけていた。

その後、医療倫理や哲学を教育した成果の集大成として、臨床経験に基づく病者や家族が求める理想的な医師像の一〇項目をあげている（平山正実「医学教育における哲学の在り方――医師の立場から」『医学哲学医学倫理』12号、日本医学哲学・倫理学会、一九九四年、118―124頁）。そのうち、第十に、癒す人は自ら傷ついた体験をもつことによってはじめて真の癒し人になると明記している。病気にかかったことに対する悩みは、医学的な方法だけでは視界の中になかなか入ってこない。また、医療者には見えない部分があり、この見えない部分に光をあてなければ病気の治療にはならない。そして、そこに光をあてるためには共に痛みや苦しみを知る必要がある。このように平山は、共苦の意義を強調していたのである。

悲嘆研究と信仰

医学教育の中で生と死の問題に関わるようになり、人間の悲しみの問題について、さらに深く考えるようになった、と平山はいう。臨床現場において、外来に訪れる人々は、その病気がどういうものであるにせよ、なんらかの悲しみを担っている。そして、悲しみをとおして家族や社会の問題が見えてくる。病的な悲しみには治療の必要があるが、正常な喪の過程から私たちは多くのことを学ぶことができる。

聖書には「喜びを抱く心はからだを養うが霊が沈みこんでいると骨まで枯れる」（箴言17・22）と書いてある一方、「弔いの家に行くのは酒宴の家に行くのにまさる。そこには人皆の終りがある。命あるものよ、心せよ」（コヘレトの言葉7・2）という言葉もある。悲しみは喜びよりも人間にとって本質的なものなのではないか。だからこそ、深い悲しみをもった人の作品や生き方というものは、多くの人々を感銘させるのではないか。悲しみを身にまとう人を支える意味を、平山は信仰の中に見つけた。それが原動力となり、悲嘆研究を深めていったのである。

共に病める人

キリスト教には懺悔だけでなく悲しみや苦しみに新しい価値を見いだしてきた歴史がある。中世以来発達したとされる、秘儀としての悲しみ、という考え方を平山は度々用いている。

医師であり医学史研究家であったハインリッヒ・シッパーゲスは、人間は病的本性をもっており、不安定な平衡の上に生きている弱いものである、と考えた（ハインリッヒ・シッパーゲス『中世の患者』濱中淑彦監訳、人文書院、一九九三年）。彼によれば、人は他人の重荷になり、手助けを必要とし、見知らぬ人の助けを求める「病める（苦しむ）人」（ホモ・パティエンス）であった、という。しかし、中世に入り、キリスト教の息吹が吹き込まれ、「病める人」は「共に病める（苦しむ）人」（ホモ・コンパティエンス）に変化したことを指摘している。「共に病める（苦しむ）人」は、貧しく弱い人々を「良き人々」としてイエスが価値の転換を行ったことに由来しているというのである。

現在とは次元の違う時代、病者に対し最も必要であったことは、共に病み、苦しむことであった。人間の実存を支えようとする捨て身の思想は、現代医療から考えると、発展の欠如した負の遺産として貶められてしまうかもしれない。しかし、当時はそれしかできなかった、そして、共苦という態度が人間にとっていかに重要であったか、ということも忘れてはならない。

二・五人称の生き方

一九八九年、キリスト教メンタルケアセンターの立ち上げに平山は関わり、さらに一九九二年、北千住旭クリニックを開設、院長として地域精神医療に携わる機会を得た。一九九三年、東洋英和女学院大学大学院人間科学研究科に日本で初めて死生学コースが設けられ、同大学に赴任し臨床死生学や精神医学、生命倫理を担当した。また、二〇〇一年、NPO法人グリーフケア・サポートプラザ理事長、二〇〇四年、自死遺族ケア団体全国ネット代表を務め、その発展に貢献した。さらに、二〇〇六年、聖学院大学大学院人間福祉学研究科の一分野に臨床死生学分野という科目群が設けられ、平山は籍を移し臨床死生学やグリーフケアの講義を担当した。

死生学を研究するにあたり、平山は臨床で得られる生きた言葉を最も重要視した。それを臨床知と呼び、さらに病者の下に立つような姿勢（under-stand）で臨まなければ、その知を得ることはできないと結論づけている。お互いの尊厳、つまり病む者の信頼と癒す者の謙遜によってこそ創造的な信頼関係を作り上げ、治療を発展させることができる、これが平山の目指した学問の核心であった。

ところで、作家の柳田邦男は、自身の経験とグリーフワークから、医療者に二・五人称のすすめを説いている（柳田邦男『言葉の力、生きる力』新潮文庫、二〇〇五年、231—236頁）。専門家の思考様式を乾いた三人称、肉親や恋人の関係を二人称と定義する。そして、専門家が家族の身になって心を寄り添わせることが重要と考えるが、完全に二人称の立場になっては冷静で客観的、合理的な判断ができなくなるおそれがあると指摘している。そして、二人称の立場に寄り添いつつも、専門家としての客観的な視点も失わないようにする、それが二・五人称の立場である。この視点こそが臨床死生学の骨格をなしているのである（平山正実『はじまりの死生学――「ある」ことと「気づく」こと』春秋社、二〇〇五年、237―248頁）。

どのように、病者と治療者が共同して創造的死生観や人生を形成することができるのか。喪失や悲嘆、病をどのように創造的な価値に転換できるのか。医療する側もいつかは医療を受ける側にまわる。立場は違うかもしれないが、死は平等に訪れる。そう考えれば両者の間に大きな区別や溝はなく、むしろお互いの尊敬が不可欠なのではないだろうか。平山は、医療の相互性、患者と医者の間をとりなすために何ができるのか、共闘していたのである。

見捨てられ体験へのまなざし

キリスト教理念が掲げられたクリニックにおいて、平山は二十年以上にわたり地域精神医療に貢献した。そこで多くの患者や家族に出会い、心傷ついている信仰者が多いことを知った。そして、平山自身もキリスト者であり、精神科医であるという「二重国籍」をもつ者として苦悩していたことを明らかにしている（平山正実『心の癒しと信仰』袋命書房、一九九二年）。様々な経験を踏まえ、心の病を負う信仰者のためになんとしても貢献したい、という並々ならぬ熱意をもっていたことも事実であろう。「診察室は祈りの場である」という口癖には、病者も治療者も神によって祈られているという平山の信念がある。それは、「しかし、わたしはあなたのために、信仰が無くならないように祈った。だから、あなたは立ち直ったら、兄弟たちを力づけてやりなさい」（ルカ22・32）という聖書の箇所を大切にしていたように、平山も祈られ、恵みを受けた経験があったからである。

むろん、医療現場は神学論争や信仰問答をする場ではない。医療者として、科学的な思考をもとに治療を目指すという姿勢を忘れてはならないであろう。一方、信仰者として病む人を支え、他者への愛を実践することには祈りが必要である。祈りこそ、目の前にいる人の存在を肯定する姿勢に他ならない。科学的思考と祈りを共存させ、心悩む方々の癒やしと救いを信じる生き方を、平山は実践したのであった。

さて、病との邂逅は人間の実存を揺さぶる出来事である。「どうして私がこんな目にあわなければいけないのか」という問いが診察室にはある。そこで平山は、苦難の中にある患者と受難の道を歩んだイエスとの間にある共通項を見つけた。それが「見捨てられ体験」である（平山正実『見捨てられ体験者のケアと倫理――真実と愛を求めて』勉誠出版、二〇〇七年）。自分という存在が消滅し、愛する人と別れなければならない恐れ、自分の生きがいや人生における役割が達成できなくなる不安、死に向かう絶対的な孤独の中核には、必ず「見捨てられ感」があるという。そして、疾病を患う者だけでなく、援助にまわる家族や医療従事者も、心血を注いで看護や治療してきた患者の容態が悪化するとき、「見捨てられた」という感情をもつことを指摘している（平山正実「緩和ケアとデスエデュケーション」『からだの科学』227号、日本評論社、二〇〇二年、66―70頁）。

その関連としてたとえば、治療と患者の立場の板挟みになる看護師の苦悩に対して、平山は生涯にわたって惜しみない援助を行った。誰もがもちうる「見捨てられ体験」の視点から、援助者の苦しみをも理解しながら、患者が精神的に和らぎ慰められるように配慮しつづけた。病を担うという苦難を軸にして、「見捨てられ体験者」は連帯することができる。その価値を、自身の闘病を経て、平山は聖書の中に再発見したのである。

「苦難の僕」と病を担うイエス

旧約聖書において、人間の魂は神の息吹によって生かされる存在である。人間は神との連帯なくして論じることはできず、全存在の中心に神が臨在している。しかし、人間は不完全な存在であるため、神との関係性はおのずと脆弱である。したがって、神との応答は常に的外れであり、それはキリスト教において罪と表現される。旧約聖書では罪の一部として病が含まれており、神との関係性の喪失によってその罰である疫病がもたらされると一部考えられていた。また、ドイツの神学者ハンス・ヴァルター・ヴォルフによると、神の怒りが関与しているとされた病者は忌み嫌われ、軽蔑され、社会から排除される存在であったという（H・W・ヴォルフ『旧約聖書の人間論』大串元亮訳、日本キリスト教団出版局、二〇〇五年（オンデマンド版）、289―299頁）。当時の健康と病を考察するにあたって、何が健康で何が病気であるかという主観的判断の基準は、各時代によって変化することに注意しなければならない。また、旧約聖書の中で健康と病気の定義は明確化されていないというルートヴィッヒ・ケーラーの指摘を心にとめておく必要がある（ルートヴィッヒ・ケーラー『ヘブライ的人間』池田裕訳、日本キリスト教団出版局、一九七〇年、37—65頁)。

ここで、強調しなければならないことは、聖書の中の病と現代医療で定義される疾患がまったく異なるということである。よって、医学では罪と疾患との関係は明確に否定されている。その上で、絶えることない人類の患い、そして聖書において神との関係の問題である罪を紐解くことは確かな価値がある。なぜなら、生の連続する病気の周辺で起こる苦悩や嘆き、孤独は、旧約聖書の時代から現代にも通じるところがあるからである。

前述のように、旧約聖書の病気は神の怒りやけがれとして扱われた側面があるが、新約聖書においてはイエスの癒やしによって病や障がいそのものを積極的・肯定的に受けとめていく生き方が新たに示されている。単純に治療方法としてではなく、一つ一つの場面におけるイエスと病人との関係性に注目するべきである。時代が変わり病気や治療の位置づけが変化したとしても、患者、医師関係は普遍的であり、聖書の物語を信頼関係の諸相として読み解くことが重要なのである。

さて、イエスによる治癒物語の一つとして、マタイによる福音書8章があげられる。その17節には、イエスが癒やしの業を行うことができた根拠として、旧約聖書からの引用が付け加えられている。「彼はわたしたちの患いを負い、わたしたちの病を担った」という文章である。この箇所はイザヤ書53章4節から引用されたものであり、「苦難の僕《しもべ》」という人物、もしくは人格化された共同体のことが述べられている歌である。そして、第二イザヤと呼ばれる人物がその歌の作者である。当時、バビロニア捕囚と呼ばれた民の存亡の危機の際、苦難の中で生きる者に希望を語り、救いの道を模索した預言者である。「苦難の僕」は神に帰依していたが、病にかかり、人々から見捨てられ、多くの傷を負い苦しみ、栄光の姿とはほど遠かったとされる。しかし、そういう姿である信仰者の中にこそ、神と人間とのとりなしが行われ、神の栄光が現されると第二イザヤは考えた。病は因果応報によって与えられた神の罰としての側面があったが、この僕の存在によって、その後、苦難の意味は新しくとらえ直されたのであった。つまり、神の栄光は病を担う「苦難の僕」と共にある、という信仰である。「苦難の僕」がどのような存在であったかという学問的な議論はあるが、病という負の状態にあったにもかかわらず病を担うという思想を肯定した預言者がいたことは驚くべきことである。そして、共同体の罪を一身に背負い傷ついた「苦難の僕」はイエスと重ねられ、病が担われたという理解が継承されていくのである。

イエスと共に知る

ところで、先の治癒物語の場面において、病を受け担う存在の主体は厳密にいえば病人であるはずである。一方、イエスは癒やす主体であって病人ではなかった。もし、イエスがこの物語の中で病を担ったとするならば、「そして、十字架にかかって、自らその身にわたしたちの罪を担ってくださいました。わたしたちが、罪に対して死んで、義によって生きるようになるためです。そのお受けになった傷によって、あなたがたはいやされました」（Ｉペトロ2・24）というように、治癒することと、神との関係をとりなす罪を背負うことが同時に行われたという言及がなければならない。癒やしと罪との関係がなければ、イザヤ書からの引用は不十分であり、一見ふさわしくないとも考えられる。

しかし、イエスの行った癒やしと赦しの背後に、ただ病を取り除くだけでなく、病人の痛みや苦しみ、傷をわが身のことのように感じ、とらえ、焼きつけ、共に担われたということを読み解くことはできないだろうか。手をあて、言葉をもって行った癒やしの業は治療だけでなく、病人の苦悩に共感し、関わり、神との関係をとりなした。それは、イエスが「あなたの信仰があなたを救った」（マルコ5・34）と言ったように、病を担う者の中に、確かに神の存在をみてとったことと無関係ではないだろう。重要なことは、奇跡の解釈ではない。イエスがどのように病人と対峙したのか、病の偏見を取り除き関わろうとしたのか、それを共に知ることではないであろうか。そして、イエス自身も病を担う病者の信仰によって育てられ、歩まされ、神への信仰を深めていった。出会いをとおして、さらに病を担っていくという信仰と受難の道が形成されていったように思われるのである。

一方、イエスの癒やしが宗教的熱狂につながった可能性を指摘されることがある。なるほど、医療の魔術的な側面は人間の願望と密接に関わっており、その渦に巻き込まれる姿も容易に想像できるのかもしれない。しかし、その熱狂の中に、はたしてイエスの病を担う姿勢はあるのか。病人の内に神への信仰を見いだしたイエスは、他者のためといいながら、自己の偉大さを誇示するために生きたのか。病を担う姿勢は脱自己中心化を目指すことである。もし、癒やしの諸相の中にその態度がなければ、たとえ自己顕示はあったとしても、神への謙遜や病人の信仰を肯定する言葉は生まれてこないであろう。このような視点から新約聖書の治癒物語を俯瞰すると、イエスの病を担うという姿勢は福音書すべてをとおして通奏低音のように流れなくてはならない、他者を肯定する祈りのようにとらえることができる。すなわち、病を治療するだけにとどまらない、キリスト教における病者と向き合う良心（conscience）がその活動の中に存在するのである。

そして、この視座に立つことができれば、信仰者にとっての病を担う本質を深く理解することができる。現代において「苦難の僕」は患者の原型、イエスの生き方は医療者の姿に重ねられる。医療者は治療やケアを行うが、同時に患者が病を担い、神とのつながりを有していることを正しく認識しなければならない。つまり、両者は唯一、治療ではなく、病を担うという点において合致することができるのである。この一致において、患者は自分のみならず周りに集う者の導きとなり、神と共に知る存在へと遣わされる。病という苦難が終点なのではなく、担うことこそ神の栄光につながる創造的人生への始まりであると告白するとき、魂への配慮を行う信仰者としての歩みが促されるのである。

共知、良心、キャリー（図1）

医学は病気を解明し、診断と治療をとおして人間の闇に光をあててきた。ところで、医療には、キュア（cure）という治療の概念と、キュアの相補的かつ中心的役割であり、世話を行い人間全体の成長を助けることを意図するケア（care）という大きな二本の柱がある。他者の生命を守ることが医の使命であり、その義務は宗教の教えや道徳律と一致していると考えられている。しかし、医

図１　３つのＣ──キュア、ケア、キャリーの統合

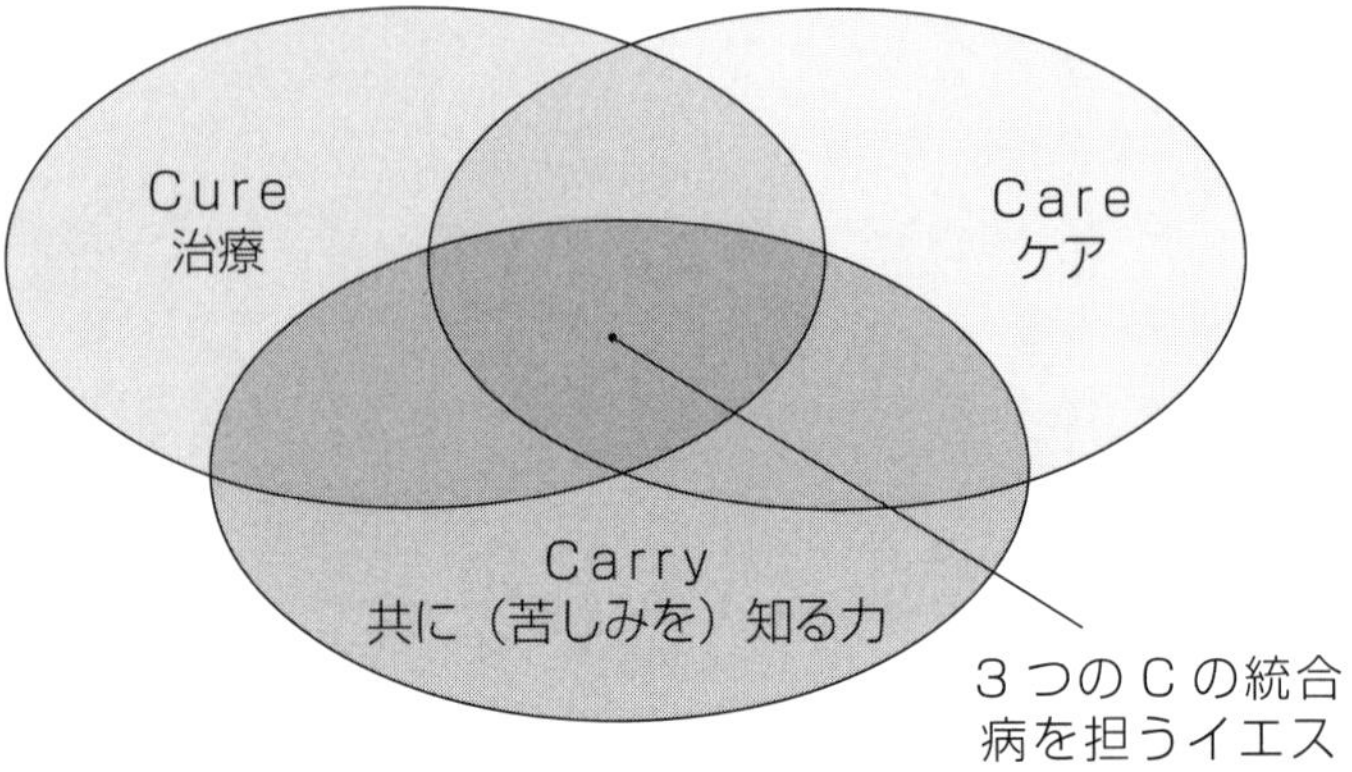

療者は実践形態であるキュアやケアをそのまま信条としているのではなく、臨床を行う背景には必ず何らかの物語によって生かされている自分、「共に病める（苦しむ）人」がいるはずである。それは傷つくような体験であったり、時として耐えられない重荷を背負わされていることなどである。

これは、平山についても同様のことがいえるであろう。大学時代に自死したキリスト者の親友の残した言葉を大切にし、臨床をとおして、心の中の友と一緒に歩んでいる、という信念こそが、精神医療に身をささげた創造的人生を形作ってきたことは疑いようのない事実である。他にも、そのような体験をとおして育まれた信念により優れた治療や業績を残している医療者は数知れない。よって、医療者の成長にはキュアやケアの価値を病者の視点に転換させる哲学、すなわち共知が不可欠であるということができる。

そこで、医の原点に立ち返り、医療の中で病を担う者の苦しみや悲しみに配慮しつつ、共に病を担う存在

として創造的に治療関係を発展させていくことを、病を担うイエスからキャリー（carry）と定義したい。キャリーとは、共に知ることである。そして、共に知ることによって、はじめて医療的良心を得ることができる。共苦の姿勢が共知を生み、自己洞察を経て医療者としての自覚が生じるのである。キュアやケアのみならず、キャリーという医療哲学を含めた三つのCの統合こそ、平山の目指した医療哲学であった。

一方、援助者の感情労働に起因する共感疲労や燃えつき症候群などの二次的外傷性ストレスにも注意しなければならない。犠牲を払うことを肯定してはならないが、医療の根本に共苦があることによって新しい知の入口が開かれるという二つの側面の理解は重要である。キャリーすることは医療を行う上で不可欠であり、また、大きな闘いである。そのことをよくわきまえて、病を担うすべての者たちが共同して病気と立ち向かっていく必要がある。

晩年の思想と希望

平山の病との闘い方は一貫している。かつて、平山はこのように記している。

> 医者に限らず、すべての医療者は、自らの内に〝病める部分〟が存在することを素直に認めることによって、はじめて、他者の痛みに共感でき、その病を荷なうことができるようになることを知るべきである。この時、はじめて、医療者は患者に奉仕し、真の癒し手として振

舞うことができるのだと思う。

（平山正実「医療における人間像」中川米造編『哲学と医療』〔講座人間と医療を考える第1巻〕弘文堂、一九九二年、74―75頁）

平山はどんな困難の中にあっても、「神が用意された道によって助けられてきた」と語った。愛唱聖句であった「夕べになっても光がある」（ゼカリヤ書14章7節）、「死に至るまで忠実であれ」（黙示録2・10）を日々唱え、神への信頼を最も大切にした。そして、病を担う患者に備わる神による癒やしと救いを信じ、その生きた信仰の言葉を記し続けた（『心の病Q＆A50』いのちのことば社、一九九四年。『心の病と信仰――主はわが命の袋』袋命書房、一九九八年。『心悩む者に神宿る』いのちのことば社、二〇〇三年。『精神科医の見た聖書の人間像――キリスト教と精神科臨床』教文館、二〇一一年）。二〇一三年、筆者との対話集『イノチを支える』（キリスト新聞社、二〇一三年）においてもその熱意は伝えられ、その肉声は医療者や信仰者への最後のメッセージとして残されている。

最後の入院の数日前、平山は「病気になり、体が弱る状態になるまで、同じ境遇にいた患者さんの気持ちを真に理解していなかった」と語った。当初、それを悲観や諦めではないかと筆者は考えたが、まったく間違っていた。平山は、たとえ自身が死の淵をさまよっていたとしても、この世の最後に至るまで、病人の人格を最後まで尊重し、人間の奥深くに隠された実存に光をあてようとする姿勢を崩さなかった。病を担うという共苦の思想を杖に、「このようになるまでわからなかった」といいながら、治療者としてキャリーを土台にしたキュアとケアを実践し、死に至るまで病者の心を理解し、慰めようと挑み続けたのである。

「年齢を重ねるとは、神に与えられた時間をお返しするときである」と語り、最期まで「常に神の方角を向きなさい。そこに希望がある」と祈り、天に召されていった。

約半世紀、平山は生涯一臨床医として疾患の治療の可能性を追求した。また、「共に病める（苦しむ）人」として共苦することを信条にし、病者に仕え、神による癒やしと救いを信じ続けた。偉大な師は自己開示を好まなかった。なぜなら、病者の苦悩を忘れないというキャリーの思想は自己のためではなく、病を担ったイエスのように「他者を生かす力」であったからである。病を担うということは、神と共に希望を知ることである。希望のありかは神と共苦することによってこそ示される。平山は病者と共苦することによって神の共知を明らかにしようとした。そして、その良心に基づく臨床知から現代における新たな福音の光が灯されるのである。

第Ⅴ部　シンポジウム「現代における〝望〟の道行き」

「現代における〝望〟の道行き」

司会　宮本　久雄
パネリスト　黒鳥　偉作
　　　　　　島薗　進
　　　　　　光延　一郎

宮本
講習会の各講義で様々な希望について語られるなか、いろいろな手がかりが見いだされるのと同時に絶望の闇も深まったかもしれません。
このシンポジウムでは、パネリストの方々にすでに講義で話されたことを踏まえた上で、「希望」に関する何か新しいことや「希望」というテーマから展開したことをまずお話しいただきたいと思います。その後、私からの先生方へご質問したり、パネリスト同士の質疑応答をしていただき、最後は、フロアのみなさんの方からの質問をと考えております。
ではまず光延先生よろしくお願いいたします。

光延
私が講義で話しましたのは、基本的に「聖書における終末論」ということです。聖書には、神を信じる人々が、信仰——神の呼びかけを聴き取り、対話すること——から絶えず離れてゆき、審判や破局を迎えていったという歴史が様々に描かれています。そしてそれが極まるのがイエスの十字架です。しかしその十字架という暗闇のなかに、新たに開かれる光の世界、新しい生き方、つまり復活という出来事が示されるというのが聖書のメッセージの核心であり、またそれが終末論です。
ところで、そうした照らしのなかで現在の日本社会を見ると、平和やいのち、真理、倫理、人権といった課題や政治的な動きにおいて、随分と希望が脅かされており、絶望とは言いたくないですけれども、正直、失望を感じてしまう状況が続いています。

そこで私は、このシンポジウムでは、現代カトリック教会、特に教皇の言葉のなかに「希望」がどのように語られているかを少しご紹介したいと思います。

カトリック教会において、平和やいのち、人権といった問題を強調するようになったのは、教皇ヨハネ二十三世（在位一九五八―六三年）です。まだ第二バチカン公会議（一九六二―六五年）の開催以前のことでした。彼の発言や働きによって、それまでの内向き、あるいは外からは唯我独尊的に見られた教会から、積極的に世界に関わり、宗教による分裂や紛争、戦争などの問題に取り組む教会へと変化しました。

ヨハネ二十三世以降の教皇、パウロ六世、ヨハネ・パウロ一世、ヨハネ・パウロ二世、ベネディクト十六世、そして今のフランシスコにいたるまで、第二バチカン公会議の精神は一貫して受け継がれています。そして彼らにおいて、「希望」というメッセージは、中心的な位置を占めていると思います。実際、ベネディクト十六世は『希望による救い』（二〇〇七年）という回勅を書きました。二〇一三年三月に新しく教皇となったフランシスコが最初に出した（実際にはベネディクト十六世の文章もかなり載っています）文書である回勅『信仰の光』では、「聴く」ということへの注目から「希望」について語っています。

聖書において「聴く」とは、神の呼びかけを「聴く」ことの、想起や記念と関係しています。キリスト教の場合は「過ぎ越し」、つまり十字架から復活への出来事を思い起こしますし、カトリック教会で行われているミサも最後の晩餐を想起します。

想起とは、ただ過去のことを思い出すことではありません。それでは過去に執着し、前に進めません。神の呼びかけを思い起こすとは、呼びかけ、つまり約束に向かって前向きに進んでいくことです。ですから、フランシスコ教皇は、「信仰というのは未来への想起、記憶（英語でいうと、memory of future）である」と言います。信仰が未来への想起であること、それが「希望」となるわけです。

上智の神学部で旧約聖書を教えていらした雨宮慧先生が「聖書の民というのは、手漕ぎボートに乗っているようなものだ」とおっしゃっていました。ボートを漕ぐとき、私たちは後ろ向きに進みます。救いにとって決定的に重要な過去の出来事、すなわち出エジプトの出来事やイエス・キリストの十字架と復活を見つめながら、それをもとにして前に進んでいくわけです。過去を想起しながら、未来を展望している、そのように「希望」しているわけです。

ところで信仰の歩みは、当然に不信仰という誘惑にもさらされます。教皇は、不信仰とは端的に言うと偶像崇拝、つまりユダヤ人の哲学者マルチン・ブーバーによる「偶像崇拝とは、顔が顔でない顔に注意を向けること」だと言われます。すなわち偶像とは、人間たちが造った神なのですから、人はその起源を知っています。真の神とはちがい、その偶像から自分の安定を捨てるよう求められることもありません。自分の都合のいいことしか言わない神だから、偶像は口があっても話せないものだ、というわけです。偶像とは、人間が自分を現実の中心におき、自分が造ったものを崇拝するための口実なのです。

またフランシスコは、人間が自分の存在をひとつにまとめる根本的な方向付けを見失うなら、多くの欲望へ「分散」してしまうとも言います。その時、人は約束の時を待ち望むことを拒み続け生涯のなかの無数の瞬間に拡散していきます。それゆえ偶像崇拝は常に多神教的であり、ひとりの主人に忠実、誠実をつくすのではなく、ありとあらゆるものに分散してしまう。だから確固とした目的に向かわないで、無数の道、迷宮に迷い込んでしまうわけです。テレビドラマの流れが、コマーシャルによってバラバラになってしまうような分散ですね。

これに関連して、フランシスコは「時」に関する問題について語ります。どういうことかというと、信仰、つまり一つに結ばれた希望は、確かな未来を導くでしょう。しかし私たちは、時間よりも断片的な各空間を優先しがちですし、それによって本当の生きる道筋である時間の脈絡を途切れさせてしまう。つまり、時間を、空間や点に変えてしまうことでプロセスを止めてしまいます。これに対してフランシスコは、時間は私たちを未来に導き、希望をもって歩むよう促すものだから、空間に勝ると言います。

もう一つの注目したい文書は、やはりフランシスコ教皇による『福音の喜び』（二〇一三年）という使徒的勧告です。この本の平和についての問題が扱われる、第四章「共通善と社会」でも、〝空間ではなくて時間が大事だ〟と言われます。そしてこれは、今の日本の状態とも深く結びつくと思います。

すなわち、その箇所でフランシスコは、「平和な社会とは、単なる融和でも、あるいは単に他の社会を支配することによって暴力がなくなることでもありません。平和が、貧しい人を黙らせ、静める社会組織の口実となるならば、それはいつわりの平和です。それによって裕福な人は動揺なくその生活を維持できますが、他の人は自分のできるかぎりにおいて生き延びる。社会的要請は、利益の分配、貧しい人の社会参加、支援、そして人権を内包するものです。この要請が抑圧されてはなりません。人格の尊厳と共通善とは、特権の放棄を拒む幾人かの平安よりも上位に位置するものです。これらの価値が損なわれるときには、預言的な声が必要とされるのです」と言います。平和、ヘブライ語の「シャローム」は共通善、つまり神の恵みが行きわたり、満ちている状態です。

またフランシスコは、歴代の教皇と声を合わせて「平和とは、常時不安定な力の均衡の結果としての戦争がない状態に還元されるものではありません。平和は、人類の間に完全な正義をもたらされる神が望まれる秩序を追い求める日々のなかで構築されるものです。要するに、すべての人の全人格的な発展の実りとして生まれたわけではない平和は、未来に向かうものではなく、常に新たな紛争と種々の暴力の火だねとなります」とも言います。これこそ、日本の現首相が言うまやかしとは異なり、まさに本当の意味での「積極的平和」です。

ここでも、「時間は空間にまさる」と再び言われます。政治や権力とは、支配する空間を優先させ、自己主張が及ぶ空間をわがものにしようとします。一連の行為を凍結させて、それを停止させようとするわけです。

それに対して、宗教や信仰、すなわち「聴く」ことは、はかない束の間の支配ではなく、神の永遠の支配から物事を判断します。空間を貫く時間によって、空間を照らし、社会のなかで新たな動きを生み出す行為、それを促進させる他者、グループなどとのかかわりを優先させることから、歴史のなかで価値ある出来事として、実を結ぶのを忍耐強く待つこと。それによって空間を貫く時間によって空間を照らします。

そこからフランシスコは、「歴史が本当に意味するのは、人間的実存がどこまで完全に展開せしめられたか、またそれがどこまで真の意味を実現するにいたったかという程度を問うことである。だから、人間の内面を大事にすることだ」と言います。

また同時に、苦しみや失望、痛み、くやしさ、憤懣《ふんまん》をどのように乗り越えるかということについて触れます。信仰は、私の闇をすべて打ち払う光とはなりえないけれども、神は私たちに同伴するというかたちで、慈しみの歴史と苦しみの歴史を結び合わせ、光の道を開いてくださる、と。ですから、苦しみは、信仰による共通善への奉仕、つまり、みんなが幸せになるという希望への奉仕を促しますが、この希望はそれこそ復活のイエスが与えてくれるものだと言っています。

これと関連して、前教皇ベネディクト十六世は、生産手段が共有化されることによって新しいエルサレムが形成されるというマルクス主義の希望について、「人間がいつまでも人間でありつづけることを忘れている。自由は常に悪を行う自由でもありつづける、ということを忘れていた」と言います。さらに「マルクスの真の誤謬は、結局唯物論、神を信じることを捨てていったこと」だと。

その意味では、今の日本も、マルクス主義とは全く逆の新自由主義において、やはり人間を忘れ、資本や金融を支配しているという状況においては同じであるわけです。そこでは結局、「思い起こす」ということ、つまり、内から湧きおこる本当の希望、こころの開き、人々と一緒に集って善に向かう喜びを知らないし、わかろうとしないですね。現在の教皇フランシスコはシンプルでわかりやすい言葉で、日々人々を励ましています。

宮本　ありがとうございました。それでは次に島薗先生お願いいいたします。

島薗　この講習会は、総合テーマのサブタイトルが「深き淵より」となっていますので、何人かの先生の講義には「絶望」という言葉も入っていたように思います。「絶望」と「希望」とは正反対に思えるものの、実は裏表のようなところもあるというようなことなのでしょう。現代において「希望」について語るときには、やはり「絶望」という側面をみることが外せないのではないでしょうか。そうしたつながりから、このシンポジウムにおいては「破局」についてお話をしたいと思っております。

講義において私は、ある意味で死が虚無として現れるという経験を第二次世界大戦でしたことを通して、日本人の死生観が大きく転回したのではないか、ということをお話ししました。私の直感では、このことは社会が希望を見いだせないということとつながっているようにも思えるわけです。社会がどんどん発展し、前へ前へと進むからには、その先には何か希望があるのだろうと思うのですが、若者などに聞くと、「今後いい方向に向かっていくことはありえない。せいぜいちょっとでも改善してくれればいい」という感じでした。その意味で、社会が希望を共有しているとはなかなか言えないのではないでしょうか。

ここで、ジャン・ピエール・デュピュイという人の『聖なるものの刻印――科学的合理性はなぜ盲目なのか』（以文社、二〇一四年〔原著、二〇〇八年〕）という本のことを紹介しながらお話ししたいと思います。もともと科学者であるデュピュイは、科学哲学やカトリックの信仰への造詣を深めた人です。彼は「現代の科学は何か破滅に向かっているような特徴をもっている」と言います。われわれの経験に即して言えば、これは原発であり、原発に関わる科学技術でしょう。科学技術はその希望を大げさに語られましたが、ひどい災禍をもたらした記憶とともに終わるはずです。例えば原子力の平和利用というのは、核戦争、つまり、戦争で核を用いるために核の技術を開発しているのをいわばごまかす口実として、核実験による被害を世界の人が憂えていることに対してアメリカが大々的に唱えたものです。つまり、そうした背景によって、原子力発電が非常に希望であるかのように語られていたのです。

科学技術の問題は、原子力のことに留まらず、生命倫理のことにもおよびます。ES細胞、iPS細胞などが取り上げられ、新聞の紙面では、それらが日本の希望のように語られます。しかし本当に、そうしたものは日本の希望、あるいは人類の希望なのでしょうか。あまりそう思っている人は多くないのではないでしょうか。

しかしなぜそういったことが希望のように語られているかというと、それはそうした技術開発がお金になるからです。世界の産業、資本主義の発展、最先端の科学技術を開発することで特許をとり、お金儲けをすると、経済を加速化させて資本主義の回りがよくなるということが起こるからです。

そもそも技術の発展が幸せをもたらすのかについてはあやしいわけですが……。

しかし、科学技術の開発によって利益を得ようとする動きは、ある意味で第二次世界大戦のときにもうはじまっていたと言えます。巨大な科学技術が、人間性を無視して始められたマンハッタン計画は、国家が巨大なお金を投入して科学技術を動かした最初の出来事であり、その意味では大きな転換点ともなりました。その歯車のなかで生きている人間というのは、自分がやっていることの意味が見えないのです。また、最近大きな問題となっているのは、ナノテクノロジーと結びついている合成生物学（自然界には存在しない分子やシステムを人工的に作って、その利用や応用を研究する分野）です。ＥＳ細胞やクローンは、人間の生命の操作ですが、合成生物学では新しい命をナノテクノロジーを通して作ることができます。そうしたものの出現に対して、『フォーリン・アフェアーズ・リポート（Foreign Affairs Report）』という国際関係の雑誌の二〇一三年十一月号は、その開発によって、生態系を破壊する行為、思いもよらぬウイルスの出現、その他予想できないことが起こるかもしれない、と警告を鳴らしているのです。

では、なぜ科学技術は前へ向かうのでしょうか。それは先にある何かへの希望によってではなく、競争に勝つためなのかもしれません。フランスの文芸批評家でカトリックの思想家であるルネ・ジラールは、ドストエフスキーの物語を用いつつ、以前からそういったことを問題にしています。彼は、「暴力というのは、競争、ライバルと争いあうことの歯止めがきかなくなることだ」と述べますが、まさに資本主義は、ライバルと争いあうこと自体を自己目的化しています。そして、前へ前へと進むものの、どこに向かっているかにはあまり頓着せず、こういう科学技術を開発したらその結果何が起こるかということは研究しないわけです。

そういう研究が少し可能になったのは、環境問題が、サステイナビリティ（環境と社会の持続可能性）ということをいうようになってきたからです。もしサステイナビリティということを本格的にわれわれが取り入れるなら、科学技術の開発全体をコントロールしなくてはならないことになりますが、とてもそういうふうになっていません。なぜなら、経済開発、資本主義の発展が、科学技術の競争によって成り立っているからです。

そうした社会の動きのなかで、国の権力者、政治家、官僚、大学の先生たちは、相当そういうものに呑みこまれています。それは、原発事故以後、御用学者たちに「それは間違っている」といくら言っても動揺せず、平気で責任ある地位につき続ける、というふうなことが起こっていることからもわかります。

そもそも、原発をこんなふうに危険に発展させたのは自民党政権ですが、政府や官庁が平気でつき続けるうそを大学の先生や大企業のリーダーたちが支えているわけです。原発事故の折の放射能の問題、そしてその後の原発の再稼働に関しては、「真実でないことを正当化している」ということをつくづく感じました。メディアのことに目を移すなら、いわゆる「中央」の大新聞は原発について半々であり、原発賛成が必ずいます。ところが地方の新聞などをみると、だいぶ違うわけです。

私が思うに、大きな組織にいる人たちは、システムを動かすことを常に考えているため、システムがうまく動かなくなることを非常に恐れ、さらにはシステムのほかの動かし方を考えるという習慣がない。だから、生活に即してものを考えている人たちと距離があるわけです。農業や漁業、牧畜などの命に近いところで仕事をしている人、あるいは子供を育てている親といった人たちは、自分のまわりのシステムを壊していく放射能の問題に対して非常に敏感です。しかし大きなシステムを見ている人の多くは、地域社会で人々がどう悩んでいようと経済的に成功すればよい、というものの考えた方をするのでしょう。つまり、先ほどの光延先生のお言葉を借りるならば、偶像崇拝の目的である「偶像」すらなくなり、自動運動化しているという状況かもしれません。あるいは、利潤そのものが偶像になっているのかもしれませんが。

ですから、〝いま自分がはまってしまっているシステムのなかで生き延び、社会に適応していくことができない〟との感覚は、若者たちを非常に圧迫していると思います。今のシステムのおかしいところから降り、若い時からNGO、NPOで生活しようとか、あるいはあらたに農業のことをやろうという動きがあっていいと思います。

さて、二〇一四年に公開された「ハンナ・アーレント」という映画について触れてみたいと思います。この映画には、ナチスの将校であったアイヒマンの裁判の場面の実際の映像が用いられていますが、裁判中、彼はいかにも無表情で、「自分は自分の地位で、やむを得ずやるべきことをやったんだ。決して自分には罪はない」と言うわけです。こうした無自覚無責任の積み重ねによる悪をハンナ・アーレントは「陳腐な悪」と名づけます。ナチス・ドイツの巨大な組織のなかで歯車となって大事な役を果たしたことと、現代日本の権力者と御用学者の間で起こっていることには、何か近いものを感じます。

ではわれわれは何ができるかということですが、その一つの例として科学の問題を取り上げたいと思います。「科学」という場合、そこには人文科学や歴史学、社会学といった、自然科学以外の学問、さらには哲学や神学、倫理学も含まれるかもしれません。つまり、私たちは科学を〝価値観とは独立して真実を追求するもの〟と思い、そう信じてきました。しかし、先ほども述べたように、現在、「科学」は政治的な権力や利害関係のなかで行われる側面が強まっていますので、産業利益と現代の科学は非常に深い関係にあります。すでにそうした利益の依存関係があるなかで「お金のもらい方がルールに則っているか則っていないか」というようなことを「倫理、倫理」と言っていくら制限しても、大きなところで、利益追求の科学という特徴を脱することができないということになってしまっているわけです。

こうした問題をいち早く指摘した人に、唐木《からき》順三《じゅんぞう》という批評家がいます。また、原子力の開発が進み核実験被害が世界を驚かせた一九五五年、ラッセルとアインシュタインが、これは大変だということで「科学者の社会的責任」を唱えます。核をつくってしまったのはわれわれ科学者だけれども、それを戦争のために使わないように、平和のために最大限努力することも科学者の責任だというのです。それを受けてカナダのパグウォッシュで会議が開かれ、その後パグウォッシュ会議という科学者の平和の会議が何度も開かれるようになります。

しかし唐木順三は、「科学そのものがすでに平和を崩すような中身をもっている」ので、そうした会議では十分ではないということを言っています。つまり、「偶像崇拝的」または「目的を見失った」、あるいは「競争」という暴力装置にからめとられながらやらざるを得ないという特徴を科学がもってしまっていることを私たちは自覚すべきだと言うわけです。

これは科学者ゆえにそういう大きな責任があるということですが、私も国立大学にいたことで御用学者だったという自覚を少しはもっておりますし、カトリック教会も巨大な組織であるという意味で、政治力をもっていると言えるでしょう。そういうなかで一人ひとりが、自分自身の身の回りのことについての責任を問うとともに、自分が含まれている構造体や社会について常に振り返っていくことが必要な時代になっています。

ですから、責任ということを自覚すること、そうした気風が私どもの周りにそだってゆくということが希望であると思います。資本主義のとんでもない動き方のなかで、自分に身近なところから何ができるのかを考えると非常な無力感におそわれますが、「責任」ということの意味を考えることによって、希望というものを見出すことができるのではないか、と思っております。

宮本
ありがとうございました。では黒鳥先生お願いいたします。

黒鳥
偉大な先生お三方を前にして恐縮の極みですが、このシンポジウムでは、講義でお話しいたしました「キャリー」という医療哲学をもう少し深めさせていただきたいと思います。

私が「キャリー」そして「三つのC」という考えに至ったのは、次のようなものが根底にあります。

まず、イザヤ書46章3－4節「あなたたちは生まれたときから負われ／胎を出たときから担われてきた。同じように、わたしはあなたたちの老いる日まで／白髪になるまで、背負って行こう。わたしはあなたたちを造った。わたしが担い、背負い、救い出す」です。この聖句をもとにして、イザヤ書53章の「苦難の僕」が、マタイによる福音書8章13節に病を担うイエス像が示されています。

次に、古い医の格言である「時に癒し、しばしば和らげる。だが慰めはいつも与えられる」です。近世以前は治療するということが非常に難しい時代でございました。そのなかで「慰め」を行うことがいかに重要であったか、省みる必要があります。

最後は、近代外科の父といわれるフランスのパレの「われは包帯するのみ、神が癒したもう」です。現代医学への期待が高まる一方、患者さんと医療者の信頼関係が最も重要であることは疑いようがありません。そして、途方もない病との戦いにおいて、一種の信託があったことも見逃すことができないと思います。

医療技術が発達する現代において、こうしたことにもう一度立ち返るべきではないか、そのような問題意識をもっております。

図を見ていただくとお分かりになるかと思いま

〔図〕

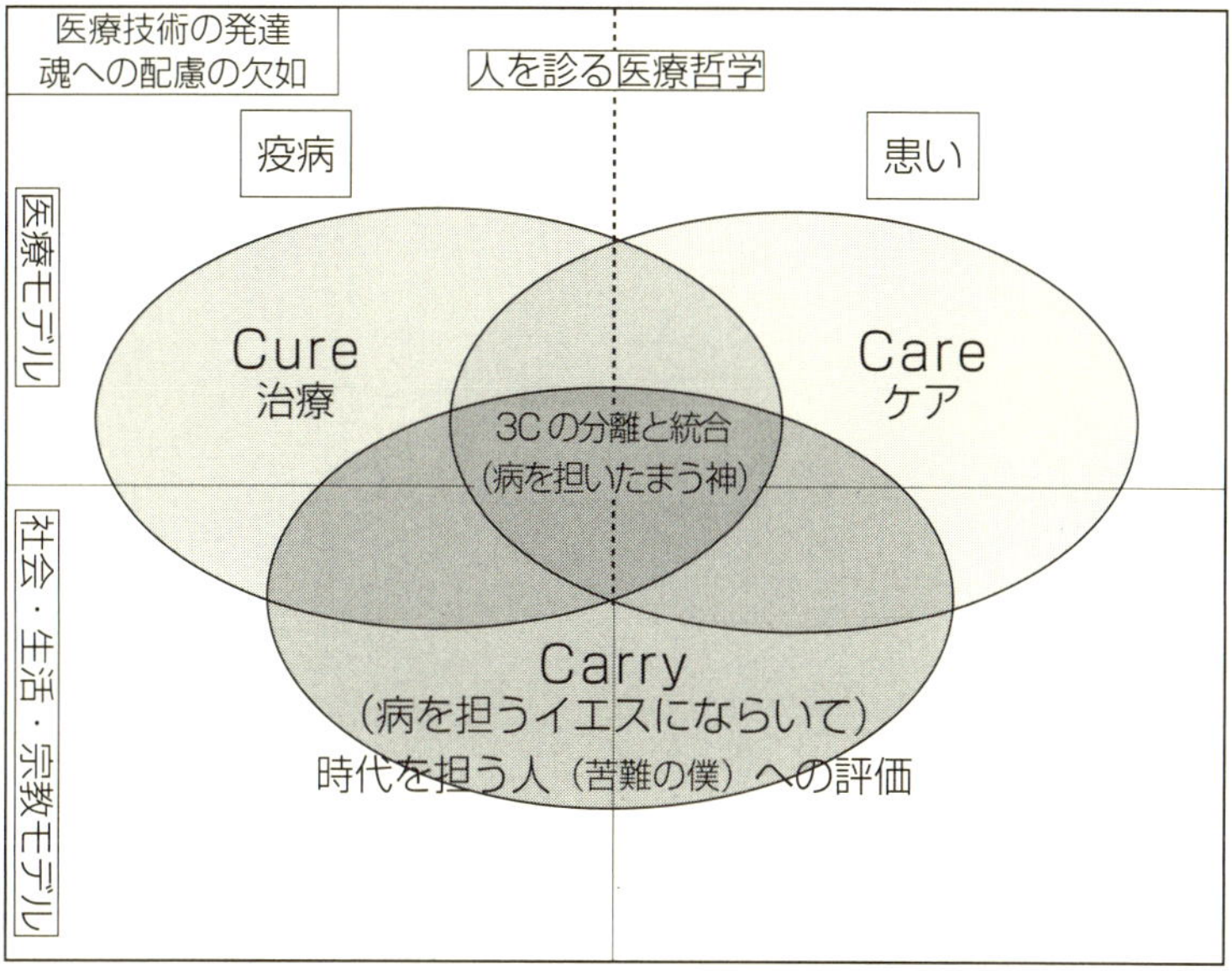

すが、「キャリー」は主に「社会・生活・宗教モデル」によってとらえられます。

そもそも医療には、キュアという治療の概念と、キュアの相補的かつ中心的役割であり、世話を行い人間全体の成長を助けるケアという大きな二本の柱があります。他者の生命を守ることが医の使命であり、それは宗教の教えや道徳律と一致していると考えられ、医療行為そのものが倫理的な実践といえるでしょう。

しかし、医療者は実践形態であるキュアやケアをそのまま信条としているのではなく、臨床を行う背景には必ず何らかの物語によって生かされている自分がいるはずです。それは傷つくような体験であり、時として耐えられない重荷を背負わされることなどであります。これは講義で申し上げたように、平山先生が親友の自死を通してご自身の生き方を歩まされたという出会いのことです。

そして、このような体験をとおして、医療者としての人格が形成されることを忘れてはならないでしょう。そこで、医療のなかで病を担う者の苦しみや悲しみに配慮しつつ、ともに創造的に治療環境を発展させていくことを、病を担う信仰より「キャリー」と定義しました。「キャリー」とは、苦難の僕が主の僕であったことに由来し、そして病を共に担い、苦難のなかに神の栄光を見出し、癒しのわざを行ったイエスにならう医療哲学です。

しかし現代はこの「キャリー」、すなわち慰めの部分が見過ごされているのではないかと思います。図の「キャリー」のところに「時代を担う人への評価」と書かせていただきました。これは聖書でいうと、先ほどの「苦難の僕」といえるかもしれません。つまり病気を患う方も、ある意味で「時代を担う方」であると思います。

平山先生の言葉を借りれば、「医療モデルではなかなか目にはいってこない部分」を意識するために、そして信仰者、医療者としてそれらを考えるには、やはり「キャリー」という視点から見ていかなければならないのではないかと思います。

ところで、自治医科大学精神医学教室の加藤敏教授は、現代医療の肉体への配慮の増大に対して、魂への配慮の軽視を指摘されています。科学こそが真理のすべてと考えてしまう「科学パラノイア」への傾きを憂慮し、人間の欲望の増大に対する自制が欠如していると分析されています。

人間の希望には限りがあるかもしれませんが、その限界に挑戦するのが医学の重要な役割です。一方で、人間というのは弱い生き物ですから、過信により目的を誤ってしまったり、道を外してしまったりするかもしれません。医学の光が強くなるにつれ、皮肉にも人間的な気遣いや配慮といった共感の部分がおろそかになっているのではないでしょうか。

このような時にこそ、もう一度、希望とは何かを再考する良心、良心をもつため共に知ること、そして共知を得るための共苦を目指さなければいけないのではないか。そのように平山先生のご生涯から読み解きました。

宮本　ありがとうございました。先生方お一人びとりが希望への途上で非常に大きな問題を抱えつつそのことを示されて、本当に苦しみながら新しい言葉を生み出そうとしているということを感じましたので、私からも自分自身が困惑している問題や状況などを少しお話しさせていただきたいと思います。

光延先生は講義において「絶望が足りない」ということで、石牟礼道子氏の言葉を引いておられます。私もこの絶望をめぐって石牟礼道子さんの言葉にふれたいと思います。彼女は、一介の主婦であったわけですが、水俣病で苦しむ患者さんたちを訪ね、いろんな知識人詩人たちと交流していくなかでたましいにふれる言葉を紡ぎだしていった方です。

ある日石牟礼さんが避病院《ひびょういん》——正式の病院ではない、赤痢や結核、神経症患者たちが入っていた場所——にも似た水俣病特別病棟を訪れたときのこと。ある病室の前を通ったときに、その病室から赤黒いような恐ろしい何か空気みたいな息みたいなものがぱあっと漂ってきて、彼女のからだに入ったのだそうです。それは、水俣病患者さんのうめき、苦しみが宿った魂魄《こんぱく》を受けいれた体験だったわけです。非常に具体的なその体験によって自分はこの患者さんたちに寄り添いその苦しみのたましいを言葉にしようと思った、というわけです。

彼女は小さいときから、シャーマンのようなおばあさんに連れられ、鳥や魚、木と対話するということをしていきました。それが彼女のたましい——ラテン語でいう「アニマ」——の玄郷・母層にふれたことでした。その母層は、やさしくて柔らかい、生命に満ちてしなやかな世界です。また、石牟礼さんの『苦海浄土《くかいじょうど》』という小説には、ルソン島、東シナ海、インド洋まで、あるいは全世界に通ずるようなアニマの国の言葉、存在の母層に発する言葉が使われています。そうした言葉は、やはり幼児期からのアニマに対する素晴らしい感受性の養いによるものでしょう。そのアニマの言葉は、現代という「言葉の飢饉」（預言者アモス）の時代に焚かれたのです。

石牟礼さんは、東日本大震災や原発事故を経て「絶望が広がり、若い人が何も希望がもてなくなってしまったときに、初めて祈りはじめるんじゃないか」と言っています。要するに、マスコミや社会では大惨事を経てもそれがまったくなかったかのようにすぐ風化してしまう風潮があるので、まだ絶望が足りない、と。

さらに彼女は水俣のことも含めて詠った「毒死列島身悶えしつつ野辺の花」という句を最近作りました。毒で死んでいく列島、そこで身悶えしつつある野辺の花……。毒死、つまり、放射性廃棄物だけではなく産業廃棄物などによって、日本だけではなく地球自然全体がそれらを浄化することがもうなくなってしまっているわけですね。そのなかで、野辺の花がいちばん身悶えしている……。逆にいえば、その一本の野辺の花の苦しみのなかに、アニマ、つまり今われわれの時代にある命全体の苦しみを見たということなのです。

私たちは今日原発や環境被害、具体的な汚染の問題に現われる、巨大な経済＝技術＝官僚制のなかで一人ひとりが歯車になっているような状況、そういう根源悪の現出のなかに生きています。そこにおいて、個人としては絶望せざるを得ないなかで、いったい私たちに何ができるのかというときに、石牟礼さんが、ひとりの巫女・シャーマンみたいに、他者のたましいを自分の身に受けるわけです。

福音書に描かれるイエスは病をスーパーマンみたいな超能力でぱっと癒したのではなく、まさに病ある人の病を自分の身に蒙り《こうむ》――ギリシャ語では「パテイン」――ました。

人の身になるという日本語の表現は、非常に具体性をもっていると思います。島薗先生がおっしゃったアイヒマンのことも鑑みるならば、他者の身になって考えることができるのが本当の思考なのでしょう。その思考・「身」性を奪われているのがわれわれ現代人だと思います。

　石牟礼さんは、人の身に完全になりえた、つまり、いわゆる政治闘争の形ではなく、直接患者さんの身に寄り添って、チッソの東京本社で患者さんと座り込むときも一緒に地べたに寝たわけです。そして、香を焚くように、患者さんたちの苦しみを自らの言葉として焚いて文学の創成の機縁とし、言葉を焚けないときは自分自身を焚き、自分のなかにあるたましいをある言語表現にしていきました。そのせいか、天草の美しい方言で表現されている『苦海浄土』などの石牟礼文学を読みますと、私のたましいも非常に共鳴し、うたうのです。

　先ほどの黒鳥先生のお話では「キャリー」、つまり、共鳴する人間（ホモ・コンパチエンス）ということが語られました。共鳴しますと、共鳴する相手のトラウマを文字通り自分も受けます。石牟礼さん自身、そういうトラウマを生きてこられた方であるとお見受けしています。また、平山正実先生も患者さんの病をご自分のその身に受けられました。そして、フランシスコ教皇のことを考えても、教皇の根本的な日々の行事というのは受難――パテイン、パッション――を観想することですので、その意味で教皇は、黒鳥先生がおっしゃる「キャリー」などの経験をなさっているのだと思います。

　そういった、「この身に受ける」ということが現代の絶望の時代には必要なのではないでしょうか。その「パテイン」によって、野ざらしで苦しむ一本の野辺の花、水俣でいえば狂い死にしていく一匹の魚のなかに、アニマの苦しみを感受してゆくこと、これが一つの生命的な希望に通じるように思います。そこに私は生命を育む言葉の誕生を、言葉の飢饉の時代に希望したいのです。

　ただ、今回の先生方のお話を伺っていますと、今は、そうしたことはとてもひとりでできる時代ではなく、いろんな人々と協働し共闘する必要があるということを感じます。これからは、文学者、神学者、科学者、芸術家など分野を超えて、将来世代に向けて働く協働のグループが非常に重要になる時代なのではないかと思いますし、それはここで発表された先生たちが経験されていることでありま す。特に将来世代の間で「共育」――「教育」ではなくて、共に育むということ――がグループや協働のなかでなされるなかで、何か希望の言葉が焚かれていくのではないかと感じます。

光延先生が、終末論についておっしゃいましたが、現代の終末論、根源悪を考えますと、現代はとてつもない絶望に直面せざるをえないような時代だと思います。しかしこの講習会もひとつの協働、共育の場であると私はとらえ、そこに一片の希望を置かせていただいていますので、私なりにたのしいなあ――たのしいは、手がわあっと伸びることから「手伸《たの》しい」というそうです――、がんばったかな――眼が晴れるという意味で「眼晴る」と書くそうです――と感じています。何か無責任な表現かもしれませんが、お互いに手を伸ばして、眼を晴らして生きようという意味で、このシンポジウムのさらなる広がりに希望をおいています。

では、ここからはパネリスト同士やフロアのみなさまを含めて、相互に対話していただき、ますますこの場をゆたかにしていただけたらと思います。よろしければ、黒鳥先生からよろしくお願いします。

黒鳥

ありがとうございます。先生方にひとつご質問させていただいてもよろしいでしょうか?

私は、自分の講義において「平山正実先生の創造的人生とは何か」ということをお話しさせていただきました。ですので、希望についてお話しになる先生方の創造的人生はどこから生まれているのかということをお聞かせいただけますでしょうか?

平山先生がお亡くなりになられたあと、私は夢のなかで一度お会いしました。そのなかで「どうしてそこまで担われたのですか」というような質問をさせていただいたんですね、そうしたら平山先生はちょっと立ち止まって、「黒鳥君、僕は書くことだけではだめだったんだよ」と。一臨床医ということを生涯貫きとおされた方でしたので、やはり患者さんとの出会いということが平山先生の希望そのものだったと思います。そして創造的人生の源泉だったのだと思いました。先生方にとられ、そうしたことはおありでしょうか？

宮本　私に関していえば、日々何もない荒野のような生（ホセア書2・5参照）に、一本《ひともと》の野辺の花の開花微笑《みしょう》が、あるいはそのきざしが創造的根源力《エネルゲイア》となると言えるかもしれません。

じゃあ、お隣の島薗先生お願いします。

島薗　そうですね……、私は黒鳥さんとお目にかかって、こんなにお若く、こんなに求道的で、しかも現場の経験も積んでいて、よく勉強していらっしゃる方で本当に頼もしいな、と希望を感じました。そして、平山先生をこれだけ慕って学ばれ、さらにはイエス・キリストという方向をしっかりもっていらっしゃるということは本当に素晴らしいと思います。

同時に、私自身もそうでしたが、今の日本の若者は方向をもっていないというのでしょうか。何を見つつ、何をモデルにして進めばよいのかということはわからない。そんな人が世界や日本には多いのかもしれません。

逆に私から光延先生に偶像崇拝のことでお伺いしたいことがあるのですが、先生のお話のなかに、日本のような多神教は「気が散っている」「分散している」「拡散している」といったお言葉があったかと思います。私自身を振り返っても、方向がはっきりしないことに目移りするという意味では偶像崇拝的であり、またこの世のいろいろなものに執着する、ということがあります。

また、今の若者にはオタクと呼ばれる人がいますが、彼らは何らかのものに執着して、そこから道を見出していくようです。つまり、おのれにこだわっている。そのように大きな目標が見えないために、小さな目標にこだわっていくなかから開けていくというようなこともあるのかと思うのですが、そのあたりいかがでしょうか。

光延

まず、どこから希望が湧いてくるかという黒鳥先生のご質問ですが、ニュースをみているとどうしても失望感がこみ上げてきて、何も言えなくなってしまいます。そして、私たちもばらばらにされてしまっているという状況を感じます。

そういうなかで一人ひとりが集まって何かを一緒に勉強したり、食べたり、あるいは抗議をするなど、小さな勇気を出して、誰かとつながっている、自分はひとりではないんだ、みんなが望むこの道をみんなで行っていいんだということを分かち合う行動が、明日への力になっているとつくづく思います。今日会う人、明日会う人とそれを分かち合っていく……それが希望の力だ、と。

また、島薗先生は、偶像崇拝する者たち、特に現代のオタクは、それぞれがばらばらにされて、自分のちっちゃな目の前の目先のよりどころに頼らざるを得ないということをおっしゃってくださいました。ただ、偶像崇拝やオタクに限らず、旧約聖書でもキリスト教でも、この唯一神を守る、神が神であることを守ることについては常に揺れ動いていましたね。そして、カトリック教会などの大きな組織や権威にも同じことが起こりました。教会も国家、大国、帝国と結びついて揺れました。宗教は、常にそうした動きのなかにあるのだと思います。

そこで今日のシンポジウムでも名前があがった

ユダヤ系のハンナ・アーレント、ホルクハイマー、アドルノたちフランクフルト学派は、決して偶像をつくることなくそれを乗り越えていく「批判的な弁証法」を目指しました。それらの思想に「復活」がないことや、彼らにはイエス・キリストが見えなかったという点は少し残念でしたが、それでもベネディクト十六世は、彼らのそうした批判精神をとても評価しています。

また、イエズス会の神学者のカール・ラーナーやドミニコ会のエックハルトは「神秘に達するにはその底の暗黒をとおらなければならない」と言います。現教皇フランシスコも、毎日夜中の三時ごろ起きて、聖堂にいってお祈りをし、そこで一日の大事をみんな識別して、決断すると言われています。つまり、暗闇にありながらも夜明けのときを待ち望みつつ、希望をもちながら「どうしたらいいんでしょう」と神に問い続ける、天国の扉をノックし続ける、そういうことが偶像崇拝の反対の態度じゃないかなと思いました。

また、宮本先生が石牟礼道子さんのお話をなさっているのを伺い、野辺の花の部分など、やはり読みが深いなあ、そこに希望があるのかなと思いました。それと同時に、石牟礼さんと同じグループで活動している緒方正人さんのことを思い出しました。この方は『チッソは私であった』や『常世の舟を漕ぎて』などの本を出されていますが、もともとは漁師さんで、若いときにお父さんを水俣病で亡くされます。そうすると、チッソは敵になりますから、デモ行進や激しい闘争を若いときずっとなさったのですが、支配者たちの壁に何度も何度も跳ね返される……。

そうしたことを繰り返しているときに、あるとき緒方さんは決定的な経験をされます。こんなふうに、自分の主張や正義をぶつけ合うことはたとえ自分の正義が通ったとしても、結局解決につながらないのではないか、と気が付かれたのです。その洞察を深めるなかで、「チッソは私である」、結局自分が戦っていたチッソという大企業と同様のものが自分のなかにもあることに気付いた、と。

そこから変わられ、今度はチッソの本社の正門前にゴザをしいて、七輪で魚を焼きながら朝からお酒を飲み始めた。チッソの社員たちにも一緒に飲もうぜって誘う、そういうふうに。〝対立を超える〟という道を見出した。そして石牟礼さんらと共に、石仏を海や大地の上に並べています。

そうした視点を学ぶと、私も「こんな日本でいいのか、もっとしっかりしなきゃ」とは思いますが、単にそこだけにとどまっていてもだめで、それを超えた、もっと大きな世界、神の視点に至らないといけないかもしれないと思います。対立を超える展望にこそ私たちの希望があるのではないかと先生方のお話を伺いつつ思いました。

もう一点、私の体験をお話しさせていただいてよろしいでしょうか？　私は三、四年前、ちょうど夏の暑い頃に母を亡くしました。もともと脳梗塞で弱っていたのですが、おそらく暑さのために多臓器不全になり、救急車で仏教系の病院に運ばれました。主治医は病状についてはっきりおっしゃってくださらず、こちらは少し不安を感じました。ところが、その先生がお休みのときに代わりの先生が来てくださり、この先生は「これはよくない。へたをしたら命がなくなるかもしれない」とはっきりおっしゃってくださいました。そして、実際何日かしてその時が来てしまいましたが、そのときもこの先生は非常に誠実な対応をとってくださったのです。霊安室は病院の外にあったのですが、看護師さんとお医者さんが皆で、門のところまで来られ、頭を下げて、送ってくださいました。そこで私は、あの先生は本物だな、宗教者だなと思い、本当にうれしく思いました。

そこから黒鳥先生に少しお伺いしたいと思います。カトリックの神父だと、病者の塗油などで病の人々のケアの場に直面しますが、牧師であり医師である黒鳥先生は、死に直面している患者さんを送るときに、どんなことを思っておられるのでしょう。

それからもう一つ、島薗先生にお伺いしたいのは、やはり偶像崇拝のことです。偶像崇拝は、原子力ムラのような閉鎖的な構造のなかで出てきて、戦前の軍国主義にしろ、日本は特にそういう面が強いような気もします。島薗先生は宗教学やオウム真理教とか新宗教、あるいは国家神道のことなども研究されているので、そうした宗教が日本人のメンタリティにどういった影響を及ぼすのか、何らかの関係があるのか、ということをお伺いしたいなと思いました。

黒鳥 ありがとうございました。私は誠実であるということがいちばん大事だと存じます。私は患者さんの死に直面するときには、関わらせていただいたという感謝と、治療そしてケアやキャリーということも含めた至らなさを必ずお伝えした上でお見送りするように努めております。

島薗 私は父親も医学関係だったこともあり、医学のことにも関心があります。

おひとりは原田正純先生です。この方は遠くからやってくる患者さんを診てるんじゃだめだということで、水俣の現地へ行って、そこで自分も傷つくような経験をしてはじめて水俣病の実態に触れて、光延先生が言われたような和解の道を歩む生涯を送られた、本当にそういう素晴らしい方です。黒鳥先生のお話を伺いながらも思ったのは、日本のモラリティのなかには、時には過剰に自分を下げるということもあるかもしれませんが、人間関係を大事にしながらそのなかに思いやりを育てていく部分があったと思います。それは何教かよくわからないといいますか、つまり儒教の影響も受けているし、仏教の影響も受けているし、昔ながらの村の相互扶助というか助け合いの精神もあることでしょう。そして、家族はお互いを大切にしあうというのもやはり日本のスピリチュアリティのなかにはそれなりにあったと思うのです。

しかし、戦争というものを通して、近代国家が作ってきたものの失敗を経験します。残念ながら日本は戦争でたくさんの失敗をしてきたことをそれなりに反省はしてきたものの、それを十分に見つめる前にアメリカの味方に引き入れられ、冷戦のなかの駒になっていた部分がとても大きいと思います。ですからわれわれが今経験していることは、もう一回その第二次世界大戦のことを振り返りながら原発のことも振り返る、その間の高度成長は何であったのかということを見直す、ということをやらざるをえなくなっている、というふうに思っております。

これは光延先生がおっしゃった日本の偶像崇拝のあり方を、歴史に即して見直していくことにもなります。

水俣の話はそうしたなかで非常に励ましになるのではないでしょうか。それだけたいへんなことであったし、苦しみも大きかったわけですが、水俣が立ち直ってくるなかで、石牟礼さんや緒方さん、何人もの市民の総意によってそういうことが行われてきて、「もやいなおし」というような、深い対立を新しい関係に結びなおすということを経験する。

こういうことがこれからの福島にもなんとか起こってほしいと思いますし、私たちもそうしたことをしていかなければと感じています。そうしたなかで、宗教的な考え方や宗教と関係する人々の行動というのは力になるはずではないのかというふうに考えております。

宮本

ありがとうございました。緒方正人さんは本願の会（十七人の水俣病患者が「水俣病を生き残ってきた証しを後世へ呼びかける事業をはじめたい」という趣旨で始まった会）を立ち上げました。「本願の会」の名称は、仏教で法蔵菩薩さんが「すべての人が救われる前は、自分も涅槃に入らない」

と本願をたてて、ずーっと修行をし、そして今は阿弥陀仏になって、西方浄土でいろんな人たちを救い迎えているというところにヒントを得ているのでしょう。その意味で、石牟礼さんたちの本願というのは被害者そして加害者をも含めたすべての人々が救われる、ということなのでしょう。

光延先生のお話にもありましたが、緒方さんがゴザをしいて、通りをゆく人に一杯飲まないかといって仲間にするということを私も聞き、非常に面白いな、と思いました。イエスも生前は「あいつは大酒呑みで大食らいだと」しょっちゅういわれているので、彼もあちこちで人を誘って飲んだり食べたりしていたのでしょう。

それはどういうことかといいますと、イエスの当時のユダヤ教では、食事は聖なるものであったため、「罪人」というレッテルを貼られた人たちは、一般の人たちと一緒に食事をとれませんでした。そうしたなかでイエスが彼らと、一緒に飲もうぜ、一緒に食べようぜと言われたのは、正統的なユダヤ教からつまはじきにされた人たちのところに自ら出向き、一緒にどう、食べようじゃないか、飲もうじゃないかというふうな運動、あるいは円《まど》いをどんどんどんどん広げていったということだったのでしょう。

キリスト教のミサや聖餐式においても「食べる」「飲む」ということがなされます。ですからキリスト教というのは本来は食の宗教であり、キリスト教の初期のころには、ミサ（エウカリスティア）の典礼的食卓とは別に、人々は食べたり飲んだりしていたわけです。

その意味において、加害者と議論をしたり、相手の過去のいろいろなことを責めるのではなく、被害者だけではなく加害者もそこに呼び、原初的なボディランゲージでありコミュニケーションの原点である食事を共にするということは、福音的な意味でも大きな希望の第一歩になるのではないかと思います。

現代は特に食物の材料が汚染されてきたりして

おり、一緒に食べたり飲んだりする機会が命を汚すような食材に対する吟味の場になっているので、大切なコミュニケーションの場となるのではないでしょうか。

では、フロアの方にそろそろご質問をいただければと思います。

質問者 島薗先生にお答えいただきたいと思います。先生のお話のなかには、科学者の社会的責任、学者の責任ということがあったかと思います。科学者の責任や学者の責任ということはよくわかるのですが、ごく普通の庶民の責任ということは何であるのかとときどき考えます。私は学校の非常勤講師であり、修道者でもありますが、責任とは何かと問われれば曖昧模糊としております。ですので、庶民が責任をどのように考えて生きていけばよいのか、ご助言いただければと存じます。

島薗 私たちは環境を台無しにしているかもしれないし、資源を使い尽くしてしまうようなこともやっているかもしれない、こういうあり方をどう改めていくかというとき、ハンス・ヨナスの「責任の原理」ということがヒントになるかもしれません。その考えは、マルクス主義のように未来にある理想を目指して進んでいくことに対して、それでは何か足りないし、自分たちが望んでいることを自分の力で達成できるという人間の思い上がりやおごりがあるのではないかということを突きつけるものです。

ですから人間のやることから何が生じ、それによって他者、未来の人たちにどのようなことが及んでしまうかということを真剣に考える必要があるということではないかと思います。そのことによって、前へ前へと進もうとする文明に対して、前へ進むことは何か大事なものを失うことでもあるんじゃないかという意識を強めることになるでしょう。

先ほどもあげた、唐木順三さんは、「やっぱりアインシュタインは見えてたんだなあ」ということをおっしゃっています。アインシュタインは科学が原爆に使われてしまったその結果を知った時、「自分はブリキ職人か行商人になりたい」と言ったと。自分は天才的才能によって科学の分野で素晴らしいことをしたものの、はたしてそれは本当に自分のしたいことであったかどうか、と。ブリキ職人のように、物や人に近く、やっていることが直に見えるところでこそ生きていることの値打ちがあるのではないかということでしょう。なぜならば、そうすれば自分が他者に何を及ぼしたかを体で感じることができて、応じることができるからです。人と自分と他者が生きている世界を生き通していきたいと。

今の社会において他者とのかかわりということを考えますと、あらゆるところで他者と接しているようでありながら、他者を道具のようにしてしまっている面が多いと思います。他者と自分がともに生き、その命に近いことを実感できるということは、また、責任をしっかりと感じられるということでもあります。

また、大人になり成熟していくということには、子供を授かる、あるいは次世代や後輩ができていくということも含まれますので、子供や次世代、後輩がどうなっていくかということに気を配ることも大切でしょう。彼らに対して、伝えていくべきことを伝えるという責任を果たさなければと思いますし、そうした場を増やしていくということが求められていると思います。

便利になればなるほど、人とともに生きているからこそ感じる〝生きがい〟ということが感じられなくなっているのかもしれません。しかし、その〝生きがい〟には、痛みや自分が負わなければならない責任も伴います。ですので、そうした他者との間に生まれるコミュニティを大事にしていくということ、人と人とのかかわりを大事にしていくということが私たちの責任と言えるのではないでしょうか。

それは黒鳥先生のお話でいうならば「キャリー」であるでしょう。また、宮本先生のお話にあった本願にも「人とともによくありたい」という部分があると思います。そういう領域を重んじるということが、われわれの個人的な生活のレベルでの責任ということではないかと思います。

宮本　では最後に、パネリストの方からひとことずつお話しいただいて終わりたいと思います。

黒鳥　先生方のお話を伺い、勉強させていただきました。ありがとうございます。

島薗　宮本先生の石牟礼さんのお話をもっと聞きたかったです（笑）。やはり私も思うのは、石牟礼さん自身も念仏者ですね。念仏と野辺の花がどのように関係するのかというのを私なりに簡単に説明してしまうと、阿弥陀仏の本願は、阿弥陀仏の本願に訴えるために念仏をする、つまり、阿弥陀仏が唱えさせてくださっていると同時に、われわれは阿弥陀仏の本願のなかにいるというそういうようなことですよね。宇宙全体に念仏が響いているということでもあるので。

ですので「毒死列島身悶えしつつ野辺の花」という素晴らしい句には、野辺の花自身が一つの花であると同時に、それは阿弥陀の仏でもあり、悲しみのなかから大いなる願いに至ろうとしているということも込められているのではないでしょうか。ですので、この俳句にはキリスト教とも、そして日本のアニミズムとも、そしておそらく仏教にもそぐうところがあるのではないかな、と思っています。

どうも今日はありがとうございました。

光延

本当に希望というのは大事な言葉ですので、私自身もすごく勉強になったし、力づけられたし、感謝しております。

宮本

ありがとうございました。それではこの長いながい五日間でしたが、ある意味では一瞬の間に過ぎたような実りの時であったかもしれません。実りというのは、その時のなかで、何か私たち一人ひとりのこころのなかに、希望について何か一つの言葉が生まれたのではないかと思うからです。それは、分かちあい、キャリーのようなものでしょう。

明日からそのひとつの言葉にすがり育みの力を得て生きていく、そういう創造的人生の源泉となる言葉の誕生を一人ひとりで見定めながら生きていければと願います。

それではここで閉会させていただきます。みなさんも最後までどうもありがとうございました。

むすびとひらき

人間は旅人（HomoViator《ホモウィアトール》）であるといわれる。その人間は「漂泊の風」に吹かれて何処に旅立つのであろうか。当て所《ど》のない旅というものもあり、名所旧跡を訪れる旅というものもあり様々であるが、Homo Viator という言葉には、人が困難や絶望をかい潜って、日常を超え包む生や心の真実相に落在できる、あるいは落在できずとも、そこに向けて歩みうるという希望の意味合いが秘められていまいか。実に、棲み狎《な》れた日常にいては、最早生の真実相は拓かれない以上、そこから脱在して旅立つのである。

本邦において如上の旅を生きた典型的な人には、西行や芭蕉などが挙げられるであろう。俳人芭蕉が家を捨て、身を捨て、全くの一人旅を生きたのも、俳諧を通して生の真実相に落在するという、狂気にも似た、それでいて寂滅にも似た旅の心、そして霊機の呼びかけに息吹かれたからであったろう。そこには道連れの御同行さえ伴わない孤独な五十年の歩みがある。それは果てしない一本の道である。

　此道や行人《ゆくひと》なしに秋の暮

此道には天地の運命的悲劇的相が拓ける。とある秋の日、芭蕉が富士川のほとりを通りかかると三歳ばかりの捨子が哀しげに泣いていた。父も母も断腸の思いでやむにやまれぬ事情に迫られてこの子を捨て、その露命を天に任せたのであろう。芭蕉は袂から食べ物を投げ「汝の性《さが》のつたなきを泣け」と過ぎ去る。

古来猿の声は哀切の極みといわれたが、芭蕉はこの捨子の泣き声を猿声よりはるかに哀切として吟じた。

猿を聞人《きくひと》捨子に秋の風いかに

この天の下、旅人芭蕉と捨子とは同じ運命を生きる。芭蕉もいずれ野ざらし（どくろ）になる身かもしれないからだ。捨子に象徴される絶望的な運命と非力な芭蕉をつないだ縁はこの一句なのである。彼の生の実相は、このような絶望とそれを言葉にとどめ脱却しようとする俳諧に裏打ちされている。

野ざらしを心に風のしむ身哉
病雁《やむかり》の夜やむに落《おち》て旅ね哉

生老病死は世の常のならい。芭蕉がその身で生き洞察した生の真実相である。彼は今「堅田にふしなやみて」いる。病む雁のように落ちて。

そうした暗夜行路にあってほのかに闇をおしひろげ、一歩先を導くような現出に出会う。熱田での出来事である。

海くれて鴨のこゑほのかに白し

昏れてゆく海上の闇を裂くように鴨の声が突如鳴りわたる。その声は果てしない闇のヴェールを上げて、未来の仄白《ほのじろ》い光を呼び込んでくる。その仄白さとは一体何なのであろうか。

大津に出る道、山路をこえて。
山路來て何やらゆかしすみれ草

山路にてふとゆかしく咲くすみれ草。芭蕉は、天地自然がこの一本の開花にその全エネルギーを収斂させていることの真実相に開眼したともいえる。言いかえれば、一人の人の微笑、鴨の声の白さ、捨子の露命など一つひとつのことは、天地を主宰するいわば神の指の現出・「根源的光」に外ならない。だから俳諧とは「物のみえたる光。いまだ心にきえざる中《うち》にいひとむべし」服部土芳(三冊子)を精髄とする道なのである。
一月早朝の底冷えする山路でのこと。

むめ(梅)が丶(香)にのつと日の出る山路かな

のつと（突如として）芭蕉は日輪の輝き（もののみえたる光）に出会う。しかもその輝きは梅の香の只中に輝くのである。ここで芭蕉と日の出と梅の香を出会わせた機縁とはどのようなことか。それはいわゆる現象的天地自然をも活かす自然大生命のエネルギー・活作用に外なるまい。

しかし芭蕉は煩悶する。他方で俳諧を身に背負い行くかのように旅にあけ暮れ、病中の夢の中でも目的も故郷もなく俳諧の旅を続ける自分の旅は妄想にしか過ぎないのではなかろうか。道の辺《べ》にゆかしく咲くあのすみれとは全く縁もゆかりもないのではなかろうか、と。

病中吟

旅に病《やん》で夢は枯野をかけ廻《めぐ》る（元禄七年十月八日作）

右の句は芭蕉の辞世の句ともとられるのである。しかし、この荒涼たる枯野を旅する芭蕉の身は、突然にかのエネルギーの光芒を放った。すなわち、彼は翌九日死の直前に弟子の去来に次の句「清滝や」を示した。死に至るまで俳諧と格闘した妄執とも思える芭蕉がそこに現出する。その芭蕉とは？

清滝や波にちり込《こ》む青松葉

芭蕉とは、滝しぶきに青く輝き散る松葉に外なるまい。その青松葉には如上の全自然のエネルギーが収斂し輝き出る。それはいわば永遠の青松葉である。

このように人生の真実相は、芭蕉にあっては、荒野を巡る妄執の俳人として、同時にそこに自然の理・エネルギーが現出する青松葉として究明され体現されているといえよう。その旅人芭蕉の究明・体現の歩みを、日本語の「希望」という言葉にもり切れるものではない。しかし「ホモ・ウィアトール――旅する人間」は、人生の真実相に向けていわゆる希望を超えた希望に生きる姿を秘めているといえよう。

われわれはこの旅する人間を今度は旧約的祖父アブラハムのうちに認めることができる。ヘブライ人への手紙には、このアブラハムの信と希望の旅が次のように記されている（11章）。「信仰によって、アブラハムは、自分が財産として受け継ぐことになる土地に出て行くように召し出されると、これに服従し、行き先も知らずに出発したのです。……この人たちは皆、……約束されたものを手に入れませんでしたが、はるかにそれを見て喜びの声をあげ、自分たちが地上ではよそ者・異邦人（xenoi）、仮住まいの者であることを公に言い表したのです。このように言う人たちは、自分が故郷を探し求めていることを明らかに表しているのです。もし出て来た土地のことを思っていたのなら、戻るのに良い機会もあったかもしれません。ところが実際は、彼らは更にまさった故郷……を熱望していたのです」と。実に信と希望が深い不連続の連続の関係にあることをこの手紙も語っている（11・1）。「信とは人が希望していることをすでに得ている一つの仕方（ヒュポスタシス）である」と。

このように旅人に共通するのは、旅立った地上の故郷に最早回帰することなく、生の真実相、この世ならぬ存在の玄郷に落在する希望を担っていることであり、その希望は自分勝手なプロジェクトではなく、何かに誰かに呼ばれるようにして風に息吹かれた機縁を持つのであり、その道行は絶望とすさびを歩み通る荊棘の道行だということである。

以上の「序」ともいえる旅人観をふまえ、われわれはここで旅の宗教的形態ともいえる巡礼の意義についていささか触れてみたい。というのも、第六十一回上智大学夏期神学講習会（総合テーマ「望——深き淵より」）が始まった七月二十五日（金）は、教会暦では聖ヤコブ使徒の殉教記念日だったからである。そして周知のようにイエスの弟子であり、ヨハネの兄であるヤコブは、スペインで殉教者聖ヤコブ（サンティアゴ）として、十一世紀以降、彼を記念する大聖堂が巡礼地（サンティアゴ・デ・コンポステラ）とされ、ローマやエルサレムと同様に大勢の巡礼者を呼び寄せた。筆者子はそのサンティアゴに因んで巡礼と希望との関わりに思いを潜めたい。

上述したように、人は日常生活の時空間に生きている。その時間は過去から現在を通って未来に向かう線状的な時間であり、その時間は暦や時計で計り予測しうる時間である。その時間の中で人は過去のしがらみに絡まれながら、未来のプロジェクトを立て、時間を用いたつもりになって一層豊かな物質的生活や人間関係を形成する。現代人は手帳を手に、その日付に予定を次々と書き込み、せわしい時間的リズムに追われて生きている。誰でも身に覚えのあることであろう。そうした時間の流れで生きる生活空間は、至極平板一様、水平的な世界であるといえよう。そこに人は喜怒哀楽を以って棲み狎れ、生老病死の定めに生きる。そうした時空は、この「私」、つまり小我をめぐって展開する。結局、それはゆるやかな自己中心的時空世界なのである。そこに語られる希望・望みも自己中心的刻印を負うてやがて、閉塞し破綻に了《おわ》ってしまう。このような自己閉塞から脱して何か新しい世界や生き方に出会うために、人間文化にあって祝祭や芸術による自己超出（エクスタシス）が提供されている。巡礼もその一役を担うといえよう。サンティアゴ・デ・コンポステラの巡礼にあって、目的地まで旅人は、いくつかのコースを辿り、そこで諸々の教会を訪れ、聖人たちと出会い、贖罪を行ない祈りを深める。

そうした一歩一歩の歩みにあって日常的時空も、少しずつ変容してゆく。つまり巡礼で生きられる時空は計られず予測できない新しい出会いをもたらす時、つまりカイロス（かけがえのない出会いの霊機）に変容する。そして歩む一歩先に新たなカイロスが現成する。そのことは、その道行を日々希望を以て歩みうる、とも言い換えられよう。そしてかつてしがらみに囚われ、自己中心的に生きた時空が、自己を巡礼へと呼びかけた大いなる生命中心の、いわば神中心の次元に超出する時空と成る。時空が水平的ではなく、何か天上的な垂直的な拓けに変容する。そこに他の旅人と出会い、人生の真実相が現出して来うる由縁があろう。そうした巡礼という旅において真実に創造的な生が創成する。それでは、ここでいう創造的、創造ということは、どのようなことであろうか。

『イェルサレムのアイヒマン』の著者、またそれをテーマにした映画でもその人物像が活写されたユダヤ人女性哲学者ハンナ・アーレントは、『精神の生活』（第二部自由意志）において次のように語っている。「絶対的始まりがあるという仮定そのものが〈創造〉についての聖書の教説に帰着するということについては、疑問の余地がない」と。そして新しく何かを始める力としての自由意志について考察し、そこから人間が未来に希望しうる地平、つまり「新たな子の誕生」「新たな言泉」の拓けを示唆している。

現代世界では巨大な「経済＝技術＝官僚」機構が支配し、そのシステムと権力の中に呑み込まれてわれわれは、創造的活動や未来への夢を喪って、他者との出会いのカイロスを奪われたり、自己嫌悪や離人症に苦しんだり、その挙句絶望さえ自覚できない砂漠に生きているのではあるまいか。そこでは、実に預言者アモスが説くような、「希望」も含めた「言葉の飢饉」が文明の荒野を覆っているといえよう。あるいは、荒涼たる辺地から憎悪と暴力の砂塵が自称進歩の文明に向けて吹き込んでくる。「希望」を干上がらせようと。そういう「希望」の終末的危機を自覚して、夏期講習会は「希望」の曙光を垣間見られたらと願って開催された。

ここでは講師の方々の多彩で珠玉のような御論稿を一々取り上げ解説することは控えさせていただきたい。それぞれの御論稿が希望の光源、物のみえたる光から虹彩陸離として発し、何か新たな言泉の誕生に向けて創造的に語り出しているからである。そしてこの講習会を機縁として私たち一人ひとりも旅の風に息吹かれ、新たに旅立つであろう。それが希望への出発点になるのではあるまいか。

今はただ読者子と共に各執筆者や講習会に参集された方々に深甚の謝意を表したい。また最後に本書の編集に尽力され、助言をいただいた編集者加藤愛美氏の労に感謝のあいさつを送りたい。

二〇一五年　如月

宮本　久雄

血が叫ぶ
シリアの荒野から　殉教者の血が

編著者紹介（50音順）

Juan Haidar（ホアン・アイダル）

1965年アルゼンチン生まれ。エル・サルバドル大学卒業、同大学院修士課程修了（哲学）。1998年上智大学大学院神学研究科神学専攻修了。2002年コミリアス大学博士課程修了（哲学）。現在、上智大学神学部教授（専攻：現代哲学）。

〔著書〕*La santidad inútil. La relación entre la ontología y la ética en el pensamiento de Emmanuel Levinas*（Ediciones Universidad Católica de Córdoba, 2008）、『レヴィナスの哲学における倫理と存在論』（Studia Redemptorystowskie, Warsaw, 2013）、『宗教的共生の展開』（共著、教友社、2013年）、『信とは何か――現代における〈いのち〉の泉』（共著、日本キリスト教団出版局、2014年）他。

〔訳書〕*Emmanuel Levinas, Difícil Libertad*（Caparros Editores, 2004）〔Difficile Liberté. Essais sur le judaïsme〕, Nishida Kitaro, *Pensar desde la nada*（Sígueme Ediciones, 2006）〔西田幾多郎『場所的論理と宗教的世界観』〕。

川中　仁（かわなか・ひとし）

1962年東京都生まれ。上智大学神学部卒業、同大学院神学研究科修士課程修了。ドイツ・ザンクトゲオルゲン哲学・神学大学博士課程修了。神学博士（Dr. theol.）。現在、上智大学神学部教授（専攻：基礎神学、イエズス会の霊性）。

〔著書〕*„Comunicación". Die trinitarisch-christozentrische Kommunikationsstruktur in den Geistlichen Übungen des Ignatius von Loyola*（Josef Knecht, 2005）, *Zur größeren Ehre Gottes. Ignatius von Loyola neu entdeckt für die Theologie der Gegenwart*（共著、Herder, 2006）,『史的イエスと「ナザレのイエス」』（共著、リトン、2010年）、『さまざまによむヨハネ福音書』（共著、同、2011年）、『あなたの隣人はだれか――現代における共生の行方』（共著、日本キリスト教団出版局、2012年）、『女と男のドラマ――現代における愛の源泉』（共著、同、2013年）、『信とは何か――現代における〈いのち〉の泉』（共著、同、2014年）他。

黒鳥　偉作（くろとり・いさく）

1984年神奈川県生まれ。自治医科大学医学部卒業、現在へき地医療に従事。日本キリスト教団戸塚教会伝道師。

編著者紹介

〔著書〕『イノチを支える――癒しと救いを求めて』(共著、キリスト新聞社、2013年)、「新約聖書の治癒物語を背景にしたスピリチュアルケアの実践」『臨床現場からみた生と死の諸相』(共著、聖学院大学出版会、2013年)、「境界線を生きる人ナウエン――心の軌跡と共苦の姿勢から学ぶ」『ヘンリ・ナウエンに学ぶ――共苦と希望』(共著、同、2014年)、「平山正実の医療哲学――キャリーという共苦の思想」『希望を支える臨床生死観』(共著、同、2015年)。

佐藤 真基子(さとう・まきこ)

東京都生まれ。慶應義塾大学卒業、同大学院後期博士課程単位取得退学。現在、慶應義塾大学、明治学院大学他非常勤講師(専攻:哲学・教父神学)。
〔著書・論文〕『西洋思想における「個」の概念』(共著、慶應義塾大学言語文化研究所、2011年)、「アウグスティヌス『告白』第10巻における自己欺瞞の理解」(『中世思想研究』第53号、中世哲学会、2011年)、「真理と人間――アウグスティヌス『「ガラテヤの信徒への手紙」注解』における」(『慶應義塾大学言語文化研究所紀要』第44号、2013年)他。

島薗 進(しまぞの・すすむ)

1948年東京都生まれ。東京大学卒業、同大学院修士課程修了。東京大学大学院人文社会系研究科教授を経て、現在、上智大学神学部特任教授・グリーフケア研究所所長。
〔著書〕『精神世界のゆくえ――宗教・近代・霊性』(秋山書店、2007年)、『国家神道と日本人』(岩波新書、2010年)、『日本人の死生観を読む――明治武士道から「おくりびと」』(朝日新聞出版、2012年)、『倫理良書を読む』(弘文堂、2014年)、『宗教・いのち・国家――島薗進対談集』(平凡社、2014年)、『国家神道と戦前・戦後の日本人』(河合出版、2014年)、『生と死』(春秋社、2015年)他。

髙山 貞美(たかやま・さだみ)

1955年福井県生まれ。同志社大学卒業、南山大学大学院文学研究科神学専攻修士課程修了、グレゴリアン大学神学部博士課程修了。現在、上智大学神学部教授(専攻:キリスト教人間学、諸宗教の神学)。
〔共著書〕『親鸞――浄土真宗の原点を知る』(「対談 島薗進(宗教学)×髙山貞美(神学)――親鸞、そのひらかれた可能性 外部からの問いかけ」河出書房新社、2011年)、『キリスト教と日本の深層』(共著、オリエンス宗教研究所、2012年)、『信とは何か

——現代における〈いのち〉の泉』（共著、日本キリスト教団出版局、2014年）、『「知としての身体」を考える——上智式 教育イノベーション・モデル』（共著、学研マーケティング、2014年）。

〔論文〕「イエスの教えと歎異抄」（『キリスト教文化研究所紀要』第27号、2008年）、「遠藤周作と親鸞における『海』」（『カトリック研究』第80号、2011年）他。

竹内　修一（たけうち・おさむ）

1958年千葉県生まれ。上智大学哲学研究科修了、同大学神学部神学科卒業、Weston Jesuit School of Theology（STL：神学修士）、Jesuit School of Theology at Berkeley（STD：神学博士）。上智大学神学部教授（専攻：倫理神学［基礎倫理、いのちの倫理、性の倫理］）。

〔著書〕『風のなごり』（教友社、2004年）、『J. H. ニューマンの現代性を探る』（共著、南窓社、2005年）、『ことばの風景』（教友社、2007年）、『教会と学校での宗教教育再考』（共著、オリエンス宗教研究所、2009年）、『女と男のドラマ——現代における愛の源泉』（共著、日本キリスト教団出版局、2013年）、『宗教的共生と科学』（共著、教友社、2014年）。

武田　なほみ（たけだ・なほみ）

1964年東京都生まれ。慶應義塾大学卒業、シアトル大学大学院修士課程、アイダホ大学大学院博士課程修了（専攻：成人発達心理学、生涯教育学）。上智大学大学院神学研究科博士前期課程修了（専攻：新約聖書学）。現在、上智大学神学部准教授（専攻：キリスト教信仰と人間形成、キリスト教教育）。

〔編著書〕『神の知恵と信仰』（共著、サンパウロ、2005年）、『日本の教会と神学——第二ヴァティカン公会議後40年の歩み』（共著、同、2007年）、『死と再生』（共著、日本キリスト教団出版局、2010年）、『危機と霊性 *Spirituality beyond Crisis*』（共著、同、2011年）、『宗教的共生と科学』（共著、教友社、2014年）。

月本　昭男（つきもと・あきお）

1948年長野県生まれ。東京大学、同大学院、テュービンゲン大学に学ぶ。立教大学キリスト教学科教授を経て、現在、上智大学神学部特任教授（専攻：旧約聖書学、古代オリエント学）。

〔著書〕『目で見る聖書の世界』（日本キリスト教団出版局、1994年）、『ギルガメシュ叙事詩』（岩波書店、1996年）、『古典としての旧約聖書』（聖公会出版、2008年）、

編著者紹介

『古代メソポタミアの神話と儀礼』（岩波書店、2010年）、『この世界の成り立ちについて——太古の文書を読む』（ぷねうま舎、2014年）、『旧約聖書に見るユーモアとアイロニー』（教文館、2014年）他。

〔訳書〕『創世記』（岩波書店、1997年）、『エゼキエル書』（同、1999年）他。

中川　博道（なかがわ・ひろみち）

1949年北海道生まれ。1975年カルメル修道会入会。1984年司祭叙階。ローマ教皇庁立テレジアーヌム霊性研究所修士課程修了。カルメル修道会司祭。

〔論文〕「カルメルの霊性の源流を探して——その「会則」に見る生活」（『カルメル』、2010-2012年）、「現代において信じるということ——アブラハムの信仰と現代」（『マラナタ』［京都ノートルダム女子大学カトリック教育センター紀要］21号、2014年）、「誰よりもイエスを愛し信じた方：教会・キリスト者の原型としてのマリア」（同19号、2012年）、「今荒野に生きる道を探して：聖書世界の生きる道——十戒」（同18号、2011年）、「存在の根を探して」（『福音宣教』、2013-2014年）他。

光延　一郎（みつのぶ・いちろう）

1956年東京都生まれ。上智大学哲学研究科、神学研究科修了（修士）後、ドイツ・ザンクトゲオルゲン哲学・神学大学博士課程修了（神学博士）。現在、上智大学神学部教授（専攻：神学的人間論、創造・罪・恩恵・終末・マリア論）。

〔編著書〕『キリスト教と人権思想』（編著、同、2008年）、『今、日本でカトリックであることとは？』（編著、同、2009年）、『神学的人間論入門——神の恵みと人間のまこと』（教友社、2010年）、『イエス・キリストの幸福——キリスト教の原点を見つめて』（編著、サンパウロ、2010年）、『あなたの隣人はだれか——現代における共生の行方』（共著、日本キリスト教団出版局、2012年）他。

宮本　久雄（みやもと・ひさお）

1945年新潟県生まれ。東京大学卒業、同大学院修士課程修了。パリ第四大学等を遊学後、東京大学大学院総合文化研究科教授を経て、現在、上智大学神学部教授（専攻：聖書思想、教父神学、哲学）。

〔編著書〕『他者との出会い』『原初のことば』『彼方からの声』（シリーズ物語り論、共編著、東京大学出版会、2007年）、『他者の甦り——アウシュヴィッツからのエクソダス』（創文社、2008年）、『他者の風来——ルーアッハ・プネウマ・気をめぐる思索』（日本キリスト教団出版局、2012年）他。

〔訳書〕V. ロースキィ『キリスト教東方の神秘思想』（勁草書房、1986年）他。

森　裕子（もり・ひろこ）

国立音楽大学音楽学部、上智大学神学部、オタワ大学大学院、エリザベト音楽大学大学院にて勉学。音楽博士。援助修道会会員。

エリザベト音楽大学准教授、援助修道会パリ総本部役員を経て、現在、上智大学神学部准教授（専攻：キリスト教音楽学）。

〔論文〕"Conflicting Assignments of Office Antiphons between Modes 3 and 8" in *Studia Musicologica* XLV (2004年)。「単旋アンテイフォナの旋法判断をめぐる諸問題」(『音楽学』49号−2、2004年)。「15−16世紀における多声 L'homme armé ミサ曲の伝統1、および2」(『エリザベト音楽大学紀要』2004年、2005年)。「西洋中世のキリスト教会における音楽教育」(『音楽の思想と教育』第一巻、開成出版、2005年)。

〔訳書〕ブルーノ・シュテープライン『単音楽の記譜法』（シリーズ『人間と音楽の歴史』III-4）（共訳、音楽之友社、1986年）。

希望に照らされて——深き淵より
2014年上智大学神学部夏期神学講習会講演集

2015年3月25日　初版発行

編著者　宮本久雄
　　　　武田なほみ
発　行　日本キリスト教団出版局

〒169-0051　東京都新宿区西早稲田2の3の18
電話・営業03（3204）0422、編集03（3204）0424
http://bp-uccj.jp/

印刷・製本　三秀舎

ISBN978-4-8184-0919-4　C3016
日キ販
Printed in Japan